누구나 쉽게 하는 Coaching

코칭실전

누구나 쉽게 하는 Coaching 코칭실전

초판 1쇄 2013년 08월 30일

지은이 구은미, 방영숙
발행인 김재홍
기획편집 권다원, 김태수, 이은주
마케팅 이연실

발행처 도서출판 지식공감
등록번호 제396-2012-000018호
주소 경기도 고양시 일산동구 견달산로225번길 112
전화 031-901-9300
팩스 031-902-0089
홈페이지 www.bookdaum.com

가격 13,000원
ISBN 978-89-97955-84-8 03320

CIP제어번호 CIP2013015470
이 도서의 국립중앙도서관 출판시 도서목록(CIP)은 e-CIP 홈페이지(http://www.nl.go.kr/ecip)에서 이용하실 수 있습니다.

Coaching & Enneagram

코칭실전

"실전을 중심"으로 자신의 삶에 적용하는 스스로를 위한 **Self Coaching**
코칭 전문가를 위한 기본과 다양한 코칭 기술의 코치 입문서

지식공감

누 구 나 쉽 게 하 는 C O A C H I N G

인사말

"누구나 쉽게 하는 코칭 – 코칭실전"을 통해 더 많은 삶의 에너지를 충전하시고 자 하는 여러분에게 간단하면서 탁월한 안내서를 나누고자합니다.

코칭은 사람들의 무한한 잠재력을 개발하고 나아가 그 잠재력을 세상에 유익하 게 펼칠 수 있도록 돕는 탁월한 도구이며 효과적인 방법입니다.

이것은 우리의 삶 전반에 많은 긍정적이고 발전적인 변화와 성장을 만들 것입니다.

"누구나 쉽게 하는 코칭 – 코칭실전"은 실전을 중심으로 구성되어있으며 코칭을 자신의 삶에 적용하는 스스로를 위한 Self Coaching은 물론 코치로서 입문을 원 하는 분들 또는 다양한 코칭 분야의 전문가로서의 토대를 마련하고자 하시는 분들 을 위해 개인의 삶과 타인의 삶을 보다 충만하게 만들어 가는 System을 제공하고 자합니다.

또한, 우리의 다양하고 역동적인 개인 유형 특성에 대한 이해를 돕고자 한국표준 형 에니어그램과 코칭을 접목하여 삶 전반에 자신과 타인을 돌아보고 함께 할 수 있는 안들을 만나는 경험으로 보다 풍요로운 자기를 발견하여 자신의 존재에 대한 가치를 인식하고 스스로의 삶과 더불어 타인의 삶에 크고 작은 영향력으로 성장과 기여를 통한 나눔을 실현하는 실전서로 제작되었습니다.

이론적 지식과 실전을 통해 코칭에 대한 이해를 높일 수 있을 것이며 개인, 가 정, 다양한 사회 조직 등에서 교육서로도 의미를 가진다 할 것입니다.

"누구나 쉽게 하는 코칭 – 코칭실전"은 개개인의 성공 패턴을 만들어 자신에게 필요한 프로세스를 가져가 적용하고 활용하여 자신만의 성공과 적응의 계단을 만들어가는 노하우를 찾을 수 있도록 하는데 의미를 두고자합니다.

코칭 관계 내에 코치와 만나게 되는 상대를 특별히 코칭고객이라 칭하는 것은 손님의 의미로 우리에게 찾아오는 손님에게는 관대하고 예를 다하여 극진히 대접을 하며, 손님의 편의를 위해 내적·외적 모든 환경과 정신을 온전히 손님에게 집중하고 존중하며 대접하기 위해 최선을 다한다는 의미에서 코칭고객이라는 용어는 코치로서 고객에 대한 기본자세와 사람을 대하는 소통의 자세를 포함하고 있습니다.

어떠한 것을 아는 것만으로는 우리가 원하고 바라는 성공적인 삶에 커다란 변화를 기대할 수 없을 것입니다.

과정별 실습을 통해 스스로 답을 찾아보는 경험과 자신이 코치로서의 상황에서 적용해 볼 수 있는 범위를 추측해보고 이를 통해 질문의 효과와 답을 찾아가는 동안 자신의 변화를 생각해보고 느껴 봄으로 코칭고객과 코치로서의 양면의 입장을 사전 체험해보는 것은 코칭고객에 대한 더 많은 집중과 이해 및 배려를 가능하게 하며, 코치 자신에게는 자신을 정리해보고 코치로서의 의식 단계를 높여 평정을 유지할 수 있도록 할 것입니다.

실전의 참여는 전적으로 자신의 선택이며 그를 통한 성공과 성장의 변화를 만나고 경험하는 기회를 만나는 것 또한 자신에게 달려있습니다.

본도서는 개인의 삶에 적용하여 성공과 풍요의 계단을 만들어갈 수 있도록 이론과 실전으로 구성하여 스스로의 변화를 위한 새로운 발견을 응원하고자 합니다.

과정목적

1. 코칭의 이론과 기초의 이해
2. 코칭 모델의 활용과 실습
3. 타고난 특성과 잠재력의 발견
4. 코칭 기법의 이해

5. 코치의 의식 확장을 통한 존재발견
6. 전체 과정의 리뷰와 실습을 통한 이해와 습득

이러한 과정을 통해 자신만의 성공패턴을 학습하고 자신과 타인 및, 조직을 위해 기여하게 되기를 기대합니다.

구은미·방명숙

CONTENT

인사말   7

MODULE **1**   **코칭 이론**   **13**

코칭이란?   15
코칭의 특성   43

MODULE **2**   **코칭 모델**   **57**

현·안·행 (E·C·O)   58

MODULE **3**   **유형 활용 코칭**   **75**

에니어그램   76
유형 확인   84
유형 코칭질문   91

MODULE **4** **코칭의 기법** **105**

경청 107
질문 135
피드백 141

MODULE **5** **의식 확장** **149**

의식과 무의식 150
존재 157

MODULE **6** **리뷰 및 종합실습** **169**

리뷰 170
종합실습 171

누구나 쉽게 하는 코칭 – 코칭실전을 마치며 173
부 록 177

◆ 코칭을 정의 할 수 있다.

◆ KCA의 코칭 철학을 이해할 수 있다.

◆ 코치의 핵심 역량을 이해하고 정리할 수 있다.

◆ 코칭과 유사 영역을 구별할 수 있다.

◆ 코칭의 분야를 이해할 수 있다.

코칭 이론
1
MODULE

1. 이 과정에서 얻고 싶은 것

2. 이 과정 후 하고 싶은 일

3. 진정 당신이 바라는 것

4. 이 과정을 통한 당신의 목표(최소 10개 이상작성)

5. 결심 선언

코칭이란?

◆ 코칭은 코치의 질문을 통해 코칭고객 스스로 다른 사람이 말하는 인생, 다른 사람이 살았던 인생, 다른 사람의 해결책이 아닌 코칭고객 스스로 인생전반에 걸친 해결방안의 발견으로 삶을 다시 바라볼 수 있게 하는 것이다. 따라서 코칭은 모든 인간의 잠재력과 가능성에 대한 믿음에서 시작하는 관계이다.

◆ 코칭은 정보의 홍수 속에서 끊임없이 요구되는 다양한 역할을 수행하며 살아가는 현대인에게 필요한 새로운 동반자 역할을 하며, 많은 문제 속에서도 스스로 행복한 삶을 영위하는 방법을 찾도록 해주는 것이다.

◆ 코칭은 코치가 코칭고객 삶의 여러 과정에서 성공을 이루도록 개발시켜주며 동시에 코칭은 코칭고객의 인생과 일에 있어 성공하도록 격려하는 과정이다. 다시 말하면 훈련을 받은 코치가 코칭고객의 가정, 재정, 일 등 삶 전체에 균형을 이루도록 하는 작업이다.

◆ 우리는 스스로 변화하는 것이 어렵고 두렵다. 따라서 어떻게 피드백을 주고받는가가 중요하다. 코칭은 그 사람을 비판하거나 판단, 조정하지 않으면서 스스로 자신이 원하는 긍정적인 방향으로 변화하도록 피드백을 하는 것으로 코칭은 리더십 훈련을 병행하는 기술이며, 개개인의 성장을 돕는 기술이다. 전문성을 가진 프로코치는 개개인이 자신의 잠재력에 도달하여 자신의 삶을 성취하고 더 바람직하게 변화할 수 있도록 돕는다. 즉 코칭이란 '사람은 성공하기 위해 태어난 것이 아니라 이미 성공적으로 태어났다'고 믿는 관계 내의 행위라고 할 수 있다.

◆ 코치는 개별 코칭고객의 요구에 대해 고객에게 다가가는 법을 최적화하고 경청하며 관찰할 수 있도록 훈련을 받아 코칭고객으로부터 해결방안과 전략들을 끌어내려고 노력한다. 또한

코치는 코칭고객이 본래 창의적이고 슬기롭다고 믿고 출발하는 것으로 코치의 일은 코칭고객이 이미 갖고 있는 기술, 전략, 창의성을 강화시킬 수 있도록 후원한다. 즉 코칭이란 코칭고객을 성공하도록 돕고 발전하게 하는 것으로 긍정이든 부정이든 사람들에게 영향을 주며 사람들로 하여금 자신의 잠재력을 찾아 극대화할 수 있도록 돕는 작업이며, 코치의 대상자인 코칭고객과 함께 코칭이라는 관계를 통해 공동의 목표를 가지고 코치는 코칭고객으로 하여금 목표를 이루도록 조력하는 것이다.

1. 코칭의 정의

코칭은 코치와 발전하려고 하는 의지가 있는 개인이 잠재능력을 최대한 개발하고 발견하도록 코칭 프로세스를 통한 목표설정과 전략적인 그리고 매우 뛰어난 결과의 성취를 가능하게 해주는 강력하면서도 협력적인 관계이다.

따라서 코칭은 개인과 조직이 잠재력을 극대화하여 최상의 가치를 실현 할 수 있도록 돕는 수평적 파트너십이다.

자신의 말로 정리

◆ 한국코치협회는 "고객 스스로가 자신의 사생활 및 직업생활에 있어 그 누구보다도 잘 알고 있는 전문가로서 존중하는 코칭을 지지한다." 라고 정의하고 있다.

2. 코칭 철학과역사

• 철학

인간은	스스로	Holistic	
	답을	Resourceful	
	창조	Creative	할 수 있다.

코칭 철학은 인간을 바라보는 관점이다.

인간을 바라보는 관점이 그 철학의 근간을 이룬다 할 것이다.

실습

- 자신의 관점에서 바라본 인간관은?

자신의 말로 정리

◆ 모든 사람은 창의적이고 스스로 해결할 수 있는 충분한 자원을 가지고 있으며 온전한 존재라고 믿는다.

◆ 코칭에서는 기본적으로 '이 세상에 무능력한 사람은 없다'는 원칙을 전제로 하며 그 철학적 바탕은 인간관에서 출발하여 개념과 정의의 토대를 마련하고 있다. 근본적으로 우리가 인간을 어떻게 보는가에서 출발하여 이에 따라 다양한 방법론과 이론들을 필요로 하게 되며, 인간이 가지는 삶의 목적, 소망과 비전, 관계 등 모든 것들은 우리가 가진 인간관의 틀과 처세를 제공하게 된다.

◆ 코칭의 입장에서 보는 인간관은 인본주의적이다. 인본주의적 입장에서의 인간은 끊임없는 발전과 가능성을 가진 존재로 보는 것이다. Co-Active Coaching의 공동저자 Laura Whitworth가 기술하는 코칭의 모델에서 보면 코칭이 말하고자 하는 인간관을 이해할 수 있다.

첫째, 코칭고객은 본래 창의적이고, 지적 능력을 갖추고 있으며 완전한 존재이다.

둘째, 코칭의 주제는 코칭고객이 결정하며

셋째, 코치와 코칭고객과의 관계는 맞춤 식 협력관계이다.

즉, Whitworth(1998)는 개인은 모두 창의적이고 스스로 안에 답을 가지고 있는 완전한 존재를 가정하고 있으며, 따라서 해답을 갖고 있는 것은 코치가 아닌 코칭 고객이며, 코치는 다만 질문을 갖고 있을 뿐이라고 말하고 있는 것이다.

이 과정은 지금까지 자신이 가지고 있던 다양한 인간관을 코칭의 관점에서 바라보고 제 조명해 보는 것과 함께 존재의 탁월함과 가치에 대해 나의 틀, 나의 고정관념, 나의 정해진 기준 즉 나만의 관점이 아닌 보다 객관적으로 나와 타인의 존재를 정의 해보는 것이다.

실습

- 코칭의 관점에서 인간을 바라본다면?

자신의 말로 정리

• 역사

코치의 본래의 의미는 마차나 철도의 객차 등에 쓰이던 단어로 코치라는 말은 사람을 실어 나르는 개썰매에서 유래하였다. 달마티아라는 나라의 달마티아 견들이 끄는 마차가 있어 이러한 종류의 견들을 달마티안 이라하였고, 이 종류들의 견을 코치견이라 불렀으며 헝그리의 콕스(Kocs)라는 도시에서 처음으로 여러 사람을 태울 수 있는 마차를 만들어 이 마차가 전 유럽으로 확산되어 콕시(kocsi) 혹은 콕지(kotdzi)라고 불리게 되었으며, 이것이 영국에서 영어로 코치(coach)로 불리게 되었다고 한다.

1840년대 영국에서 개인지도 교사(tutor)의 별명으로 코치라는 용어를 사용하게 되었다. 즉 승객이 마차를 타고 목적지에 가듯 교사의 지도로 앞으로 나아간다는 의미로 사용되었으며, 1880년경에는 스포츠에 적용하여 코치를 운동선수를 훈련하는 사람으로 초기에는 코쳐(coacher)라고 불리었다. 1890년대에 이르러 뒤의 'er'이 소멸되었으나 지금도 미국의 메이저 리그에서 1루와 3루 뒤에서 코치하는 사람을 코쳐라 부르며 그들이 서는 자리를 코쳐스 박스(coacher's box)라 부르고 있다고 한다.

코칭은 1950년 경영관련 문헌에서도 나타나고 있으며, 1975년에 테니스코치 티모시 골웨이가 '테니스 이너게임'에서 성과를 이루고 목표를 달성하는 것에 대한 방법을 소개하면서, 이러한 방법론에 대한 관심이 집중되기 시작하였고, 이러한 코칭 방식은 스포츠는 물론 경영이나 예술 등의 분야에도 적용되기 시작하였다.

현재의 코칭은 1980년대 초 재무 플래너인 토마스 레너드가 그의 고객들과의 만남에서 고객들이 원하는 것이 무엇인지, 고객들은 자신의 인생에서 무엇을 원하는지, 언제 그 일을 하기를 원하는지 등의 요구에 대해 고객과의 신뢰를 바탕으로 하는 대화를 통해 고객은 자신의 보다 나은 미래의 설계를 계획할 수 있었다고 한다. 이를 통해 고객들 중 한 사람이 토마스 레너드가 하는 것이 코치의 역할이라는 것을 일깨워주었으며 레너드는 그룹을 지원하는 일보다 개인이 자기계발을 하도록 도와주는 일에 많은 관심을 가지고 의식과 행동의 변화에 필요한 전인적인 이해와 기술의 필요성을 깨닫게 되어 코칭 방법론을 연구하였다. 1998년에 'Design Your Life 코스'를 개설하여 코칭 훈련을 시작하여 이듬해 'College For Life Planning'을 개설 선구적인 코칭 전문가들을 배출하면서 코칭운동을 시작하였다. 미국에서는 1990년에 들어서면서 전문코치를 배출하는 과정이 본격적으로 개발되었고, 1992년 최초의 전문교육기관인 '코치 유(Coach U)'를 설립, 다양한 코치 운동을 일으킨 리더들과 함께 1994년 '국제코치연맹(ICF: International Coach Federation)'을 설립하여 이를 통해 코치들은 전문 직업인으로 활동영역을 구축하였으며 그 직업적인 위상 또한 확고해질 수 있었다고 한다. 레너드는 2001년에 직접 Coachville를 설립하여 2만 여명의 코치들이 전문적으로 배우고 훈련을 받을 수 있는 토대를 마련하였다. 그러나 레너드는 2003년 47세의 나이로 생을 마감하였다. 현 ICF는 코칭 프로그램의 국제인증제 및 코치인증제, 세계의 코치대회 개최 등 코칭의 다양한 네트워크 강화와 세계 코칭 발전에 기여하고 있다.

이후에도 다양한 분야의 코치협회들이 등장하였으며 그것의 가장 대표적인 예로 국제비즈니스코치협회(WABC : Worldwide Association of Business Coaches)를 들 수 있다.

여러 코칭회사들이 이 협회에 가입하여 코치의 활성화와 저변확대 및 코칭의 기술과 발전 및 협력을 통한 코칭 회사의 발전을 위한 네트워크를 형성하고 있다. 또한 코칭은 대학원과정에서 코칭, 코칭학, 리더십코칭 등이 과목으로 개설되어지고 있으며, 미국의 리젠트대학은 리더십 전공영역에 코칭 관련 학습과 연구를 하고 있으며, 호주는 시드니 대학에서 코칭심리학 석사과정, 조직코칭 석사과정을 시행하고 있다. 이 외에 텍사스대학, 로열로드대학 조지타운대학, 브리티시 콜롬비아대학 그리고 우리나라에서도 대학, 평생교육원, 대학원 등에서 다양한 모습으로 코칭이 접목되어 개설되어지고 있다.

• 코칭패러다임

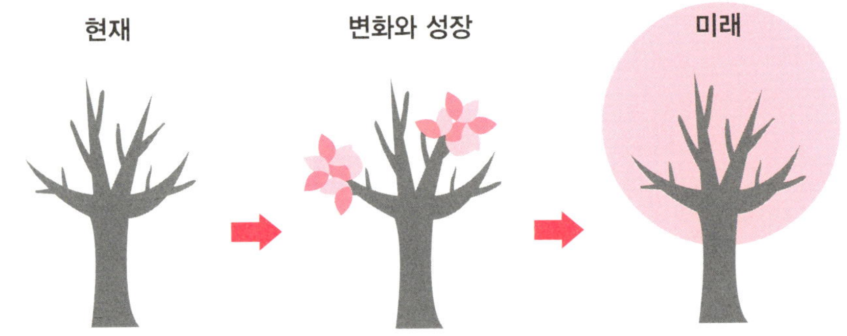

현재위치에서 미래의 비전을 향해 변화와 성장을 돕는 것이 "코칭" 이다.

코칭고객에게 현재의 자리에서 미래의 자리로 나아가도록 변화와 성장을 위한 동기를 부여하고 그 개인의 발전을 지원하는 협력 관계이다. 그러므로 코칭은 코치와 코칭고객이 협력하여 함께 현재에서부터 미래까지의 퍼즐을 맞추어 나아가는 과정이라 하겠다.

3. 코칭 요소

- 관계(relationship) : 코치와 코칭고객이 상호 신뢰하고 협력적인 관계를 통해 이루어지며, 이것은 코칭의 주요 성공요인중 하나이다.
- 대화(conversation) : 기본 프로세스에 따른 대화로 이루어진다.
- 목표(goal) : 코칭대화의 주제인 목표를 가지고 상호 합의하에 성공과 성장을 향해 나아가게 한다.
- 기술(skill) : 코치가 지니는 역량이며 이러한 역량은 코칭고객의 성장과 발전에 크게 기여할 뿐만 아니라 전문가로서의 신뢰 구축을 가능 하게한다.
- 예술(art) : 코칭고객의 잠재력을 통해 새로움을 발견하게 하고, 새로운 것에 도전하게 하며, 새로움을 찾게 하고 그것을 이루어가도록 한다.
- 변화(changing) : 코칭고객의 변화를 촉진하고 긍정적 변화에 초점을 두는 것을 말한다.
- 지원(supporting) : 코치가 코칭고객을 지원, 지지, 조력하는 과정이다.
- 과정(process) : 하나하나의 과정의 통합을 통해 원하는 결과를 만들어가는 것이다.
- 행위(behavior) : 실행을 통해 목표를 이루는 것으로 그 실행은 실천 즉 행위를 통하여 크고 작은 성공경험을 하게한다.
- 결과(result) : 목표를 이루어 성장하고 변화하여 성과를 얻어내는 것이다.
- 성장(growth) : 크고 작은 목표의 성공은 코칭고객으로 하여금 성장을 경험하게하고 또한 그 성장을 촉진한다.

이러한 코칭의 요소들은 코칭의 결과는 물론 코칭의 관계를 더욱 특별하게 만드는 것이라 할 수 있다.

코칭이 특별한 이유에 대해 이언 맥더로드(2007)는 9가지로 정리하고 있다.

① 내용보다 과정에 집중하도록 돕는다.
② 과정이 투명하다

③ 코칭고객을 자기탐구, 자기발전, 자기결단으로 이끈다.

④ 코칭고객 스스로 문제를 해결하도록 돕는다.

⑤ 문제를 해결하면서 얻은 경험을 다른 차원에서도 활용하도록 한다.

⑥ 목표달성을 위해 필요한 덕목을 기르게 해준다.

⑦ 자기 안의 무한한 가능성을 발견할 수 있게 해준다.

⑧ 코칭고객의 무의식 속에 내재된 지식과 자원을 활용할 수 있도록 해준다.

⑨ 코칭고객의 행동을 통해 코칭의 성공 여부를 판단할 수 있다.

이러한 것들은 코칭의 과정과 결과에 가치와 의미를 만들어 내는 역할을 하고 있다.

4. 코칭윤리

◆ 코칭윤리는 코칭관계에 있어 코치가 치켜야할 의무와 규범이며 코치의 행동전반에 대한 규정이다.

• 한국코치협회의 윤리규정

윤리강령

1. 코치는 개인적인 차원뿐 아니라 공공과 사회의 이익도 우선으로 합니다.
2. 코치는 승승의 원칙에 의거하여 개인, 조직, 기관, 단체와 협력합니다.
3. 코치는 지속적인 성장을 위해 학습합니다.
4. 코치는 신의 성실성의 원칙에 의거하여 행동합니다.

윤리규칙

제1장 기본윤리

제1조 (사명)

1. 코치는 한국코치협회의 윤리규정에 준거하여 행동합니다.

2. 코치는 코칭이 고객의 존재, 삶, 성공, 그리고 행복과 연결되어 있음을 인지
   합니다.

3. 코치는 고객의 잠재력을 극대화하고 최상의 가치를 실현하도록 돕기 위해
   부단한 자기성찰과 끊임없이 공부하는 평생학습자(life learner)가 되어야
   합니다.

4. 코치는 자신의 전문분야와 삶에 있어서 고객의 Role모델이 되어야 합니다.

제2조 (외국윤리의 준수)

코치는 국제적인 활동을 함에 있어 외국의 코치 윤리규정도 존중하여야 합니다.

제2장 코칭에 관한 윤리

제3조 (코칭 안내 및 홍보)

1. 코치는 코칭에 대한 전반적인 이해나 지지를 해치는 행위는 일절 하지 않습
   니다.

2. 코치는 코치와 코치단체의 명예와 신용을 해치는 행위를 하지 않습니다.

3. 코치는 고객에게 코칭을 통해 얻을 수 있는 성과에 대해서 의도적으로 과
   장하거나 축소하는 등의 부당한 주장을 하지 않습니다.

4. 코치는 자신의 경력, 실적, 역량, 개발 프로그램 등에 관하여 과대하게 선전
   하거나 광고하지 않습니다.

제4조 (접근법)

1. 코치는 다양한 코칭 접근법(approach)을 존중합니다. 코치는 다른 사람들
   의 노력이나 공헌을 존중합니다.

2. 코치는 고객이 자신 이외의 코치 또는 다른 접근 방법(심리치료, 컨설팅 등)
   이 더 유효하다고 판단되어질 때 고객과 상의하고 변경을 실시하도록 촉구
   합니다.

제5조(코칭 연구)

1. 코치는 전문적 능력에 근거하며 과학적 기준의 범위 내에서 연구를 실시하고 보고합니다.
2. 코치는 연구를 실시할 때 관계자로부터 허가 또는 동의를 얻은 후 모든 불이익으로부터 참가자가 보호되는 형태로 연구를 실시합니다.
3. 코치는 우리나라의 법률에 준거해 연구합니다.

제3장 직무에 대한 윤리

제6조(성실의무)

1. 코치는 고객에게 항상 친절하고 최선을 다하며 성실하여야 합니다.
2. 코치는 자신의 능력, 기술, 경험을 정확하게 인식합니다.
3. 코치는 업무에 지장을 주는 개인적인 문제를 인식하도록 노력합니다. 필요할 경우 코칭의 일시 중단 또는 종료가 적절할지 등을 결정하고 고객과 협의합니다.
4. 코치는 고객의 모든 결정을 존중합니다.

제7조(시작 전 확인)

1. 코치는 최초의 세션 이전에 코칭의 본질, 비밀을 지킬 의무의 범위, 지불 조건 및 그 외의 코칭 계약 조건을 이해하도록 설명합니다.
2. 코치는 고객이 어느 시점에서도 코칭을 종료할 수 있는 권리가 있음을 알립니다.

제8조 (직무)

1. 코치는 고객, 혹은 고객 후보자에게 오해를 부를 우려가 있는 정보전달이나 충고를 하지 않습니다.
2. 코치는 고객과 부적절한 거래 관계를 가지지 않으며 개인적, 직업적, 금전적인 이익을 위해 의도적으로 이용하지 않습니다.
3. 코치는 고객이 고객 스스로나 타인에게 위험을 미칠 의사를 분명히 했을 경우 한국코치협회 윤리위원회 또는 상위 전문기관에 의뢰하는 절차를 취합니다.

제4장 고객에 대한 윤리

제9조 (비밀의 의무)

1. 코치는 법이 요구하는 경우를 제외하고 고객의 정보에 대한 비밀을 지킵니다.
2. 코치는 고객의 이름이나 그 외의 고객 특정 정보를 공개 또는 발표하기 전에 고객의 동의를 얻습니다.
3. 코치는 보수를 지불하는 사람에게 고객 정보를 전하기 전에 고객의 동의를 얻습니다.
4. 코치는 코칭의 실시에 관한 모든 작업 기록을 정확하게 작성, 보존, 보관, 파기합니다.

제10조 (이해의 대립)

1. 코치는 자신과 고객의 이해가 대립되지 않게 노력합니다. 만일 이해의 대립이 생기거나 그 우려가 생겼을 경우, 코치는 그것을 고객에게 숨기지 않고 분명히 하며, 고객과 함께 좋은 대처 방법을 찾기 위해 검토합니다.
2. 코치는 코칭 관계를 해치지 않는 범위 내에서 코칭 비용을 서비스, 물품 또는 다른 비 금전적인 것으로 상호교환(barter)할 수 있습니다.

부칙

제1조 이 윤리규정은 2011.00.00부터 시행한다.
제2조 이 윤리규정에 언급되지 않은 사항은 한국코치협회 윤리위원회의 내규에 준한다.

윤리규정에 대한 맹세

나는 전문코치로서 (사)한국코치협회 윤리규정을 이해하고 다음의 내용에 준수합니다.

1. 코치는 개인적인 차원뿐 아니라 공공과 사회의 이익을 우선으로 합니다.
2. 코치는 승승의 원칙에 의거하여 개인, 조직, 기관, 단체와 협력합니다.
3. 코치는 지속적인 성장을 위해 학습합니다.

4. 코치는 신의 성실성의 원칙에 의거하여 행동합니다.

만일 내가 (사)한국코치협회의 윤리규정을 위반하였을 경우, (사)한국코치협회가 나에게 그 행동에 대한 책임을 물을 수 있다는 것에 동의하며, (사)한국코치협회 윤리위원회의 심의를 통해 법적인 조치 또는 (사)한국코치협회의 회원자격, 인증코치자격이 취소될 수 있음을 분명히 인지하고 있습니다. 라고 하는 코치로서의 맹세에 이르기까지 이러한 윤리 규정은 전문 코치들에게만 적용되는 것이 아니라 일반적 사회관계 속에서도 최소한의 규정으로 적용되어지는 어찌 보면 인간관계 속에서 이행되어져야하는 기초적 윤리일 것이다. 상대에 대한 지나친 개입, 동의 없는 간섭과 지시, 일방적 대화, 주입식 주장, 동기부여보다는 비하와 책망, 상대의 성장 지원보다는 자신의 유익만을 위한 설득, 개인 정보에 대한 무자비한 폭로, 행동에 대한 무책임, 타인의 사고와 행동에 대한 조정 등 우리가 알고 또는 모르고 범할 수 있는 오류들에 기본 방향을 제시해 주고 있다.

5. 코치의11가지 핵심역량

◆ 다음 11가지 핵심코칭역량은 ICF(국제코치연맹)의 정의에 따라 현재 코칭업계에서 사용되는 기술과 접근방법에 대한 이해를 돕기 위해 만들어진 것이다. 이 11가지 핵심코칭역량은 코칭 교육에 대한 기대수준과 실제로 경험하는 교육 사이의 갭을 좁히는데 도움이 될 것이다.

◆ 코칭 핵심역량은 ICF 인증, 한국코치협회 인증의 기초로 사용되고 있다는 점을 밝히며. 핵심 코칭역량은 각 역량을 보는 일반적인 방식에 기초하여, 논리적으로 비슷한 성격을 지닌 역량들을 묶어서 4개의 그룹으로 나누었습니다. 각 그룹과 역량에는 우열이나 선후가 없으며, 모두 유능한 코치들이 필수적으로 갖추어야 하는 요소들이다.
즉 코치의 역량이란 코치라면 갖추어야할 필수적 요소로 전문적 능력이라고도 할 수 있을 것이다. 예를 들어 수영선수는 지구력과 호흡, 체력관리, 체중관리 등이고 권투선수에게는 공격과 방어 등이 그들의 역량이며, 교사는 전공에 대한 교수학습법과 전공에 대한 전문적 지식, 교육 수혜자들과의 communication, 도덕적 소양 등이 그러할 것이다. 이처럼 코치의 핵심역량 또한 코치라면 갖추어야하는 능력이라고 정리될 수 있다.

• 기초 세우기

☑ 윤리 지침과 직업 기준 충족시키기

코칭 현장에서 코치가 지켜야 할 윤리와 기준을 이해하고, 그 기준을 모든 코칭 상황에서 올바르게 적용할 수 있는 능력을 갖추는 것을 목표로 코치들이 코칭고객과의 코칭을 시작하기 전에 윤리 지침을 반드시 따르도록 하고 있다. 코칭고객의 비밀과 사생활 보호, 특히 금전 문제, 코칭의 그릇된 적용, 코칭고객과의 불건전한 관계문제 등에 대해 민감하게 다루고 있으며, 전문코치가 이 윤리 규정을 어기는 경우 코치의 자격을 박탈당할 수 있음을 밝히고 있다.

- 행동할 때 한국코치협회의 행동기준을 이해하고 보여준다.
- 한국코치협회의 윤리기준을 이해하고 따른다.
- 코칭과 컨설팅, 심리치료 기타 지원관계에 있는 다른 전문직종간의 상이점을 분명하게 밝힌다.
- 도움을 받을 수 있으면 필요할 때, 코칭고객을 다른 전문가에게 소개한다.

☑ 코칭관계에 합의 하기

코치가 특정 상황에서 무엇이 필요한지 이해하고 새로운 코칭고객과의 코칭 과정에서 코칭의 전반적인 과정 및 관계를 발전시켜 나가기 위해 상호 합의를 이끌어 낼 수 있는 능력을 말한다. 이 부분을 명확히 하는 것이 필요하며 그렇지 않은 경우 코칭 과정 중에 오해나 예상하지 않은 문제가 발생할 수도 있다.

합의 내용

- 코칭고객과의 코칭관계의 가이드라인과 구체적인 조건들(세부지원 사항, 코칭비용, 일정, 기타 필요한 사항)에 대해 효과적으로 토의하고 이해한다.
- 코칭관계에서 적합한 것과 적합하지 않은 것, 제공되는 것과 제공되지 않는 것, 코치와 코칭고객의 의무에 대해 미리 합의한다.
- 코칭방법과 코칭고객이 될 사람의 욕구가 일치하는지 판단한다.

B. 관계의 공동구축

☑ 코칭고객과의 신뢰와 친분 쌓기

코치는 코칭고객과의 성공적인 코칭 과정을 위해 상호 존중과 신뢰를 바탕으로 한 안전하고 적합한 환경을 만들어 내는 능력이 있어야 한다. 코치가 코칭고객에게 신뢰를 주지 못하거나 존중의 느낌을 주지 못하면 코칭관계의 지속은 어렵다. 코칭고객은 안전한 환경이 갖추어질 때 안심하고 진짜 문제를 내놓고 해결을 위한 과감한 시도를 단행하게 되기 때문이다. 코치는 코칭고객의 말과 의도를 경청하고 지지하며 사랑하는 마음을 가져야 한다.

코칭고객과의 신뢰를 위해

- 코칭고객의 행복과 미래에 대한 진정한 관심을 보여준다.
- 지속적으로 개인적인 성실성, 정직성, 진실성을 보여준다.
- 합의 사항들을 분명하게 정하고 약속을 지킨다.
- 코칭고객의 인식, 학습 스타일, 개성을 존중한다.
- 위험 감수와 실패의 두려움이 수반되는 새로운 태도와 행동을 지속적으로 지원하고 지켜준다.
- 코칭고객에게 민감한 부분에 대해 코칭 하는 것을 허락해줄 것을 미리 요청한다.

☑ 코치로서의 존재감

코치는 솔직하고 유연하고 자신감 넘치는 태도로 코칭고객과 자연스러운 관계를 만들어내는 능력이 필요하다. 코치가 스스로 자신감을 가지고 코칭고객에게 온전히 집중할 때에 코칭고객은 코치로부터 많은 유익을 얻게 된다.

존재감을 위해 코치에게 필요한 사항

- 코칭 과정에서 매 순간 집중력과 유연성을 보여준다.
- 직관력을 발휘하고 직감을 신뢰한다.
- 모르는 것을 솔직하게 인정, 위험을 받아들인다.

- 코칭고객과 할 수 있는 많은 방법들 중 가장 효과적인 방법을 선택한다.
- 가볍고 활기찬 분위기를 조성하고 적절한 유머를 활용하여 이야기한다.
- 자신 있게 시각 전환, 자신의 행동에 대한 새로운 가능성을 실험한다.
- 확고한 태도로 코칭에 자신감을 보여주고 코치 자신의 내면을 잘 관리하여 코칭고객의 감정에 휘둘리거나 휩쓸리지 않는다.

C 효과적으로 의사소통하기

☑ 적극적으로 경청하기

코칭고객이 말하는 것과 말하지 않는 것에 집중하고, 코칭고객의 욕구와 말의 의미를 이해하고, 코칭고객의 자기표현을 지지하는 능력을 말한다. 경청이란 단지 듣고 있는 소극적인 태도를 의미하는 것이 아니라 더욱 적극적이고 의도적으로 몰입하여 상황을 파악하는 능력까지 포함하는 고도의 역량을 요하는 스킬 이다.

경청은 사람의 내면세계를 이해하고 상대의 진짜 의도를 파악하는 능력이 관건이다. 즉 언어적 비언어적 측면을 헤아려 배후에 숨겨진 진정한 의미를 이해하고 고객의 자기표현을 지지할 수 있는 능력을 말한다.

코칭 기법에는 경청 그리고 질문이 있다. 특히 경청은 사람의 내면을 잘 이해하고 상대방의 의도를 정확하게 파악하는 능력을 향상시킴으로써 경청 능력은 더욱 탁월해진다. 문제해결이나 관계형성 그리고 효과적인 질문을 하기 위해서도 적극적인 경청능력이 선행되어야 하는 것이다.

적극적 경청의 구체적 방법

- 자신이 설정한 의제가 아닌, 코칭고객이 가지고 있는 의제에 집중한다.
- 코칭고객의 관심사, 목표, 가치, 가능한 것과 가능하지 않은 것에 대한 믿음에 귀를 기울인다.
- 코칭고객이 사용하는 단어, 말투, 신체언어를 잘 분별해 듣는다.
- 코칭고객의 말을 적절히 요약, 다른 표현으로 사용, 그대로 따라 하기 등 가능한 한 고객의 생각을 반영한다.
- 코칭고객의 감정, 인식, 관심사, 믿음의 표현과 제안에 대해 격려해 주고 받아들이며, 탐구하고 한층 더 강화시키기 위해 노력한다.

- 코칭고객의 아이디어와 제안을 종합, 정리 그것을 토대로 논의를 전개한다.
- 코칭고객이 말하고자 하는 것의 핵심을 이해하고, 코칭고객이 자신의 뜻을 전달할 수 있도록 돕는다.
- 다음 단계로 넘어가기 위해 먼저 판단하거나 집착하지 않고 코칭고객이 상황을 정리 혹은 종료하도록 한다.

☑ 효과적인 질문

코칭관계와 코칭고객에게 필요한 정보를 이끌어내는 질문을 할 수 있는 능력을 말한다. 코칭 기법의 두 가지 큰 기둥 중 경청 이외의 또 하나의 중요한 기법은 질문기법으로 이 기법을 얼마나 잘 사용하느냐에 따라 코칭고객의 이슈나 안건 해결에 관건이 된다.

질문기법은 코칭고객의 이슈해결 및 과거의 시각에서 현재를 바라보게 하고 또는 미래의 시각으로 전환을 돕기 위해 강력하고 효과적인 질문을 사용하고 코칭고객의 시각을 전환시키는 고도의 질문 기술이 필요하다.

고도의 질문 기술

- 적극적으로 경청, 코칭고객의 시각을 이해한 후 질문한다.
- 발견, 통찰, 약속, 행동 등을 이끌어내는 질문을 한다.(예: 코칭고객의 잘못된 생각에 이의를 제기하는 질문)
- 무언가를 분명히 하거나 가능성을 높이고, 새로운 것을 배우게 하는 개방형 질문을 한다.
- 코칭고객이 자신을 합리화 하거나 뒤를 돌아보게 만드는 질문이 아닌, 원하는 것을 향해 나아가게 하는 긍정적이고 미래 지향적인 질문을 한다.

☑ 직접적인 커뮤니케이션

코칭 중에 효과적으로 의사소통을 하고, 코칭고객에게 가장 효과가 있는 언어를 사용할 수 있는 능력이다. 코치는 상대를 너무 배려한 나머지 진짜 해야 할 말을 하지 못하거나 진짜 문제에 직면하지 못하는 경우가 있을 수 있다. 그러나 유능한 코치는 효과적인 언어를 사용하여 코칭고객에게 유익을 줄 수 있는 직접적인 커뮤니케이션을 해야 한다. 코칭고객의 상황에서 가장 필요한 것을 직접적인 커뮤니케이션으로 코칭의 성과를 이루어내야만 한다.

- 분명하게 말하고 솔직한 피드백을 제공한다.
- 코칭고객이 자신이 무엇을 원하는지 혹은 무엇을 잘 모르는지 다른 관점에서 알게 하기 위해 재구성하여 분명하게 말해준다.
- 코칭 목표, 의제, 기법이나 활동의 목적을 분명히 언급한다.
- 코칭고객에게 적절하고, 예의 바른 언어를 사용한다.(예: 성 차별, 인종 차별적 언어나 기술 및 전문 용어를 피한다.)
- 요점을 예시하거나 비유적으로 설명하기 위해 적절한 은유와 유추를 사용한다.

D. 학습촉진과 효과적인 목표달성 (Facilitating Learning and Results)

☑ 의식 확대하기

다양한 정보를 정확하게 평가하고 통합할 수 있는 능력과 코칭고객의 의식 확대를 이끌어내어 목표한 결과를 얻도록 돕는 능력이다. 코치는 사람들의 무의식을 자극하고 의식을 확장하여 불가능을 가능으로 만들 수 있는 능력을 가지도록 도와주어야 한다.

인간의 무의식은 자극에 의해 성장하고 확장된다. 리더십 역량이나 재능 등 무한한 능력을 발견하고 개발하여 코칭고객이 삶의 목표를 파워풀하게 이루도록 해야 한다.

- 코칭고객이 무엇에 관심을 가지고 있는지 제대로 파악할 수 있어야 하고, 상대의 말에만 의존하지 않고 말하지 않은 것도 헤아릴 수 있어야 한다.
- 코칭고객이 더 많은 지혜와 의식을 확대하고 이해하며 명료하게 만들 수 있도록 스스로 탐구하게 만든다.

- 코칭고객의 드러나지 않은 관심사, 자신과 세계를 인식하는 방식, 사실과 해석의 차이점, 사고, 감정, 행동 간의 불일치를 확인하게 한다.
- 코칭고객이 자신의 행동을 강화하며, 중요한 것을 성취할 수 있도록 동기를 부여하는 새로운 사고, 믿음, 인식, 감정, 기분을 스스로 발견하도록 돕는다.
- 코칭고객이 다른 시각으로 사물을 볼 수 있도록 도와주고, 시각을 바꾸어 새로운 행동 가능성을 찾게 한다.
- 코칭고객이 그와 그의 행동에 영향을 미치는 상호 관련된 요소들(사고, 감정, 신체, 배경 등)을 볼 수 있도록 돕는다.
- 코칭고객에게 의미 있고 유익한 통찰을 보여준다.
- 학습과 성장을 위한 코칭고객의 주요 강점대비 주요 분야를 분명하게 다루고 코칭 중에 다뤄야 할 중요한 것을 반드시 확인한다.
- 코칭고객에게서 말과 행동이 일치하지 않은 것이 발견될 때에 사소한 문제와 중요한 문제, 상황적 행동과 반복적 행동을 구분해 줄 것을 요청한다.

☑ 행동 계획 설계하기

코칭 과정 중에 그리고 직장이나 개인생활 속에서 지속적으로 학습하면서 합의된 코칭 결과를 가장 효과적으로 이루는 새로운 행동을 설계하도록 돕는 능력이다.

코칭 과정 중에 깨닫거나 결심한 것들, 직장이나 개인적으로 직면해 있는 과제들을 실제로 실행 가능한 행동 계획으로 설계하는 것은 코칭 과정 중에 없어서는 안 될 중요한 단계다. 코칭고객은 매회 행동 계획을 세우고 실제로 실생활에서 실행함으로써 다음 단계로 전진하고 성장하며, 문제 해결 능력을 가지게 되고, 결국 문제가 해결되는 과정을 경험하게 된다.

행동 계획 설계방법

- 코칭고객이 새로운 사실을 배웠다는 점을 일깨워 배운 것을 실행하여 학습을 심화시킬 수 있는 행동을 찾도록 도와야 한다.
- 코칭고객이 합의된 코칭 목표의 중심이 되는 구체적인 관심사와 기회에 초점을 맞추고 체계적인 탐구를 할 수 있도록 해야 한다.
- 코칭고객 스스로가 여러 가지 아이디어와 해결 방안들을 탐구, 선택방법들을 평가하

고 결정을 내리게 한다.

- 코칭고객이 코칭 중에 토의하고 배운 것을 직장이나 개인생활에서 즉시 적용할 수 있도록 적극적인 실험과 자기발견을 하도록 돕는다.
- 코칭고객의 성공과 미래의 성장 능력을 진심으로 축하해 준다.
- 코칭고객이 새로운 생각, 새로운 행동 가능성을 발견하도록 코칭고객의 사고와 시각에 도전한다.
- 코칭고객이 자신의 목표와 방향이 일치하는 전향적 관점을 갖도록 지원하며 자유롭게 그러한 관점을 고려하게 돕는다.
- 코칭고객이 코칭 중에 '당장 실행하도록' 도와주고 즉각적으로 지원한다.
- 코칭고객이 더 많이 노력하고 도전하도록 고무하되, 편안한 속도로 학습이 이루어질 수 있게 한다.

☑ 계획 수립과 목표 설정

코칭고객과 함께 효과적인 코칭 계획을 수립하고 유지할 수 있는 능력을 말한다. 코칭 목표를 설정하고, 행동 계획을 설계하며, 그것을 실행하기 위한 단계적인 계획을 수립하는 일은 코칭의 성과를 실제적으로 만들어내기 위한 중요한 첫 번째 작업이다.

코칭고객의 성공을 만들어내는 큰 목표와 전체 계획을 세우고 나면 그것을 이루기 위한 작은 행동 계획들을 매 세션마다 세우는 것이 비교적 용이해진다. 목표를 세울 때는 코칭고객과의 연관성, 가능성, 장애요소, 기한 등을 신중히 고려해 타당한 선에서 정해야 한다.

계획 수립과 목표설정 방법

- 코칭고객과 함께 수집된 정보를 종합, 정리하고 학습과 개발이 필요한 부분, 관심사를 다루기 위한 코칭 계획과 개발 목표를 정한다.
- 달성과 측정이 가능하도록 완수 날짜가 정해진 목표를 실현할 수 있는 구체적인 계획을 세운다.
- 코칭 과정 중 필요성이 대두되거나 상황이 변할 경우에는 계획을 수정 또는 변경한다.
- 코칭고객이 학습을 위해 다른 자원(책이나 다른 전문인들)을 찾아서 이용할 수 있도

록 도와준다.

- 코칭고객이 작은 성공이라도 이루어낼 수 있는 가능한 목표를 정한다.

☑ 진행 상황과 책임관리

코칭고객이 중요한 것에 주의를 집중하게 하고, 목표 및 행동 계획을 실행할 수 있도록 상호 책임지는 능력을 말한다. 코치는 코칭고객이 목표를 이룰 때까지 옆에서 지지하고 격려해주며 진전 상황을 점검해주는 관계로 코치는 코칭고객이 실제로 코칭고객의 이슈나 행동 계획을 실행하여 목표를 달성하도록 돕기 위해 존재하는 사람이다. 그러기 때문에 코치를 상호 책임자, 동반자라고 부르는 것이다. 코칭고객의 옆에서 격려해주고 확인해 주는 것만으로도 코치의 역할을 훌륭히 수행하고 있다고 할 수 있다.

- 코칭고객에게 스스로 정한 목표를 향해 나아가도록 행동을 취할 것을 분명하게 요구한다.
- 코칭고객에게 지난번 코칭에서 약속했던 것을 질문하고 진행 상황을 점검한다.
- 코칭고객이 지난번 코칭 이후 스스로 했거나 하지 않은 것, 배운 것, 알게 된 것을 인정하도록 해준다.
- 코칭 중에 얻은 정보를 효과적으로 준비, 정리, 검토한다.
- 코칭고객이 코칭 계획과 그 결과 합의한 행동 계획, 그리고 앞으로의 코칭 주제에 주의를 기울이게 함으로써 코칭고객이 계획대로 움직이게 해야 한다.
- 코칭 계획에 초점을 두되, 코칭 프로세스와 코칭 중에 방향 전환이 일어나면 언제라도 태도와 행동을 신속히 수정 한다.
- 큰 그림 속에서 현재의 상황을 점검하여 목표와 현재 상황 사이를 자유롭게 오갈 수 있도록 한다.
- 코칭고객의 자기 규율을 강화시키고 그의 약속과 의도된 행동의 결과, 혹은 시한이 정해진 구체적인 계획에 대해 스스로 책임을 지게 한다.
- 코칭고객이 결정을 하게하고, 스스로 핵심 관심사항을 다루게 하며, 자신을 개발할 수 있는 능력을 키워준다.(피드백을 얻고, 최우선 목표를 정하여, 학습속도를 조정하

고, 경험을 되돌아보게 하여, 경험에서 배우게 한다.)
- 코칭고객이 합의한 행동을 취하지 않을 때 단호하지만 긍정적 태도로 그 사실을 반드시 지적한다.

살아오는 동안 다양한 관계 속에서 자의이던 타의이던 누구나 한번쯤은 코치로서의 역할을 경험해 보았을 것이다.

그 상황과 과정에 나름의 기준과 방향이 있는 안내서를 가진다면 코치로서 고객의 소리를 듣고 자원을 찾아가는 과정에 의미와 가치를 만들어갈 것이다.

실습

- 코치의 관점으로 상대를 바라본다면?

자신의 말로 정리

A. 기초 세우기(Setting The Foundation)

윤리지침과 직업기준 충족시키기

특정 코칭 상황에서 무엇이 필요한지 이해하고, 새 고객과 코칭 과정 및 관계에 대한 합의를 이끌어낼 수 있는 능력이란?

자신의 말로 정리

☑ 코칭 동의서 만들기

구체적인 코칭 상호 작용에서 요구 되는 것을 이해시키고, 코칭 프로세스와
관계에 대하여 가망 고객 및 새 고객에게 동의하도록 하는 능력이란?

B. 관계의 공동 구축

☑ 고객과 신뢰 및 친밀감 조성

지속적인 상호 존중과 신뢰를 제공하는 안전하고 지지하는 환경 조성 능력이란?

☑ 함께 해 주는 코칭

 열린, 유연한, 자신감 있는 태도로 고객과 자발적인 관계를 형성하고 충분히 의
식이 있는 능력이란?

C. 효과적으로 의사소통하기

☑ 적극적으로 경청하기

고객이 말하는 것과 말하지 않는 것에 완전히 집중, 고객이 열망하는 정황에서 말해진 것의 의미를 이해, 고객의 자기표현을 지지하는 모든 능력이란?

☑ 효과적인 질문하기

고객의 최대한의 유익을 위해 고객과 코칭 관계에 필요한 정보가 들어나게 하는 질문을 하는 능력이란?

☑ 직접적인 커뮤니케이션

코칭 세션 중에 효과적으로 대화하는 능력, 고객에게 가장 긍정적인 파급 효과가 있는 언어를 사용하는 능력이란?

D. 학습 촉진과 효과적인 목표 달성

☑ 의식 확대하기

정보의 다양한 원천을 정확하게 평가, 통합하는 능력, 고객이 자각을 얻고그로 인해 동의한 결과를 성취 할 수 있도록 돕는 능력이란?

☑ 행동 설계하기

코칭 중에 그리고 직장이나 개인 생활 속에서 지속적으로 학습하고 합의된 코칭의 결과를 가장 효과적으로 얻을 수 있게 해주는 새로운 행동을 취할 기회를 고객과 함께 만들 수 있는 능력이란?

☑ 계획수립과 목표설정

고객과 함께 효과적인 코칭 계획을 수립하고 유지할 수 있는 능력이란?

☑ 진행상황과 책임 관리

고객이 고객을 위해 중요한 것에 집중을 유지하게 하고 고객에게 행동할 책임을 부여하는 능력이란?

• 11가지 역량 이미지

아래의 그림을 보고 자기만의 이미지를 만들어보는 것은 자신이 느끼는 생각과 감정의 구체화로 각인의 효과를 높이고자하는 것이다.

1. 윤리기준

2. 코칭동의

• 자신의 11가지 역량 이미지 만들기

1. 윤리	2. 동의

3. 신뢰	4. 함께 함	5. 적극적 경청
6. 효과적 질문	7. 직접적 커뮤니케이션	8. 의식 확대
9. 행동설계	10. 계획 수립	11. 진행상황과 책임 관리

• 11가지 기술과 현·안·행의 관계

11가지 역량 4기준	11가지역량	현·안·행 정리
기초 세우기	1. 윤리지침과 직업기준 충족 시키기	**현** 코칭의 도입인 서론의 부분으로 코치와 코칭고객 간에 코칭관계로서의 기준을 정하고 합의하여 최종의 결과를 위한 깊은 친밀감 형성을 통해 코치로서 고객과의 신뢰를 형성
기초 세우기	2. 코칭관계에 합의하기	
관계의 공동 구축	3. 고객과의 신뢰와 친분쌓기	
관계의 공동 구축	4. 코치로서의 존재감	
효과적으로 의사소통하기	5. 적극적으로 경청하기	**안** 고객의 스토리를 온전히 경청하고 질문함으로 보다 심도 있는 커뮤니케이션을 연출
효과적으로 의사소통하기	6. 효과적인 질문하기	
효과적으로 의사소통하기	7. 직접적인 커뮤니케이션	
학습촉진과 효과적인 목표달성	8. 의식 확대하기	**행** 보다 많은 것들을 생각하고 표현하며. 실행할 수 있는 시스템을 만들어 크고 작은 목표를 이룰 수 있도록 설계하고 성공의 경험을 만들어가도록 협력하고 책임을 강화
학습촉진과 효과적인 목표달성	9. 행동 설계하기	
학습촉진과 효과적인 목표달성	10. 계획수립과 목표설정	
학습촉진과 효과적인 목표달성	11. 진행상황과 책임 관리	

코칭의 특성

1. 코칭과 유사영역

분야	고객의 느낌	기대효과	관계
코칭	나는 해결할 수 있다.	자신감을 얻음	수평
컨설팅	어떻게 할까요.	대안을 얻음	상하
티칭	잘 가르쳐 주세요.	모르는걸 알게 됨	상하
멘토	한수 부탁드려요	멘토의 방법을 모델링	상하
카운슬러	나는 문제가 있다.	문제의 인식	수평

코칭과 다른 전문영역 비교

1) 누가 전문가인가?
2) 누가 질문하고 누가 답을 하는가?

◆ 코칭과 유사개념으로는 카운슬링, 멘토링, 컨설팅, 티칭, 트레이닝 등과 같은 인간의 성장과 발전에 관계가 있는 여러 개념들은 이미 다양한 경로를 통하여 우리에게 익숙해져 있다.

• 유사 전문영역과의 비교를 통한 코칭의 특성

☑ 카운슬링과 코칭

카운슬링은 일반적으로 상담학과 심리학적으로 접근하여 문제를 가지고 코치 즉 카운슬러를 찾은 고객에게 대화를 통해 카운슬러가 문제해결에 필요하다고 판단되는 조언을 주거나 고객스스로 문제를 해결하도록 인격적, 인지적 발달을 돕는 과정으로 과거의 문제나 걸림으로 상처를 가진 고객을 돕고 치료하는 것에 초점을 두고 있다면 코칭은 성장과 변화에 동기를 가진 사람들을 위한 것이라고 할 수 있다.

또한 카운슬링은 사람의 내적상태(심리)에 집중하는 것에 비해 코칭은 의식의 변화와 함께 행동의 성숙에 초점을 두고 있다는 점이다. 카운슬링은 고객의 심리 내적 부적응문제에 집중하여 분석하고 평가하여 답을 제시하고 치료한다는 데 의미를 둔다면, 코칭은 드러난 행동과 그에 대한 변화와 성장에 피드백을 제공한다는 데 의미가 있다. 카운슬링은 개인의 문제나 과거를 돌아보고 드러내어 상처와 문제를 회복하도록 코칭고객에게 답을 제공하는 반면 코칭은 개인의 미래지향적인 생각에 초점을 두고 스스로 깨닫도록 도움을 준다. 즉 코칭은 개인의 마음속에 숨은 무의식, 잠재의식 등에 담겨있는 것까지 이야기하고 치료하는 카운슬링의 기능과 함께 개인의 삶을 살아가는 효과적인방법까지도 스스로 발견하도록 돕는 것이라 할 수 있다.

☑ 멘토링과 코칭

훌륭한 선생이나 지도자를 말할 때 멘토라는 용어를 사용하게 된다. 그리고 훌륭한 선생이 자신의 경험과 지식을 활용해 충고하고 방향과 의견을 제시하거나 지도한다는 의미로 멘토링이라는 용어를 사용하기도 한다. 멘토링과 코칭은 많은 유사한 점을 가지고 있으며 멘토링과 코칭은 모두 1:1의 관계를 가지고 변화와 진보에 초점을 두는 성장지향적인 관계이다. 그러한 점으로 볼 때 멘토링과 코칭이 유사하다고 볼 수도 있으나 멘토는 학습자에게 기술과 정보와 안목을 갖게 하는 데 중점을 두고 있다면 코칭은 개인이 어떻게 성장하고 변화 발전하는지에 대한 원리들을 개인 삶의 모든 영역에 적용한다는 것이 차이점이다. 또한 코칭은 전문적인 기술 외에 그 어떤 분야나 영역에서 권위적이거나 절대적 우위를 가지고 접근하지 않는다는 것이다. 즉 멘토링은 멘토가 상위 개념이지만 코칭은 서로가 동등한 관계 수평적관계로 생각하는 점이 멘토링과 코칭의 차이점이라 할 수 있다.

☑ 컨설팅과 코칭

컨설팅이란 전문지식을 가진 사람 즉 컨설턴트에게 고객이 상담과 자문을 구하면 그에 응해 상황을 듣고 분석 후 대안과 방안을 제시하며, 행동 방향을 제시하여 인도하는 역할을 한다. 따라서 컨설팅은 특정 과정에 전문지식을 가진 사람이 비전문가인 고객에게 답과 조언을 제공하는 것에 의미를 두는 반면 코칭은 코칭고객을 전문가로 보고 그 전문가가 새로운 각도에서 문제를 바라보고 질문을 통해 자신의 해결방안을 찾고 개발하도록 돕는다. 즉 컨설팅에 있어 전문가이며 문제 해결자는 컨설턴트이고, 코칭에 있어 전문가이며 문제 해결자는 코칭고객이라는 것이 다른 점이다.

컨설팅은 고객에게 새로운 정보를 주고 일을 더 잘 그리고 더 효과적으로 할 수 있도록 지침과 정보를 제공하는 것이라면 코칭은 코칭고객이 가진 자원을 발견, 개발하도록 하여 삶 가운데 자신의 잠재력과 탁월성을 최대한 발전시킬 수 있도록 도움을 주는 것이다. 컨설팅은 일의 성취라는 목표 하에 사람의 능력에 초점을 두지만 코칭은 사람의 인격과 관계에 까지 영역을 넓혀 일과 함께 개인의 자존감, 존재감을 보여주는 것까지 다루고 있다고 할 수 있다.

☑ 티칭과 코칭

티칭은 가르치는 것으로 주로 지식을 전달한다. 일반적이고 전통적 티칭의 개념은 정해진 학습내용을 교실 안 또는 어떠한 정해진 공간에서 전달하거나 혹은 선생님이 학생들을 모아놓고 강의를 하는 것이며, 학생들의 수에 따라 강의형식 또는 질문과 대답형식을 취하기도 한다. 티칭은 가르치는 사람의 생각과 방법으로 학생들의 학습활동을 이끄는 것으로, 티칭의 개념과 기술이 발전하면서 티칭을 교사와 학생의 동반적인 관계로 보는 경우도 있으나 일반적인 티칭의 개념은 지식전달을 위주로 하는 인간관계라 할 수 있다. 티칭의 주요내용이 지식전달인 것에 반해 코칭의 주요내용은 인격과 자기발견에 관한 기술을 개발하고 발전시키는 것으로, 코칭을 티칭의 한분야로 볼 수도 있으나 코칭은 보다 세분화 된 분야라 할 수 있다. 코칭은 코칭고객의 가치를 바꾸는 작업으로, 상호 공존과 상호책임을 지고 목표를 이룰 때까지 도와주고 지지하는 관계이다.

☑ 트레이닝과 코칭

트레이닝은 목표를 정해 그것을 달성하기 위해 정신과 신체를 반복하여 훈련을 함으로 습관이 되게 하여 감각적으로 강하게 하는 과정이다. 트레이닝이 정기적이고 체계적으로 훈련을 시행하여 기관과 기능의 발달과 적응은 물론 인간의 정신과 신체가 특정한 기술을 연마하도록 하는 것이라면 코칭은 하나의 능력보다는 전반적인 잠재적 능력에 집중하여 그 개인의 인격발달과 함께 다양한 범위와 분야의 일을 잘 하기 위해 관계의 기술을 개발하여 잠재된 능력을 발견하는 것이다. 트레이닝도 반복된 훈련으로 습관과 감각을 발달시키는 면에서는 코칭과 유사하나 코칭은 사람의 신체, 정신, 마음, 그리고 의식과 무의식의 부분까지 전체적인 영역의 균형을 이루도록 하는 것에 차이가 있다. 이러한 것들을 개인의 삶에 균형적인 성장과 발전의 도모를 위해 사람들이 가진 자원을 발견, 개발하도록 도움을 주고 인간의 공적영역과 사적영역에 관한 기술을 개발하고 사용하여 인격의 발달과 일처리 그리고 인간관계를 개선시키는 능력을 향상시키는데 그 의미를 둔다.

또한 코칭에 있어 코치는 코칭고객의 전문적인 영역을 몰라도 그리고 코칭고객과 관련한 개인적 사적경험이 없어도 코칭을 할 수 있으며, 코칭에 있어서 변화와 해결의 주체는 코칭고객으로 코칭은 개인 스스로 문제를 해결하도록 돕는 것이므로 코칭고객이 어디까지 변화 할 수 있을지 알 수 없으며, 변화의 한계를 예측할 수 없다.

코칭은 인간의 무한한 잠재력과 가능성을 믿고 이루어지는 협력적인 관계라 할 수 있다.

　본 실습은 대화의 주체 즉 해결과제를 가진 대상이 자신의 과제에 대해 무엇인가 시도한 경험에 대해 지지나 응원과 칭찬 보다는 질타 또는 자신의 어리석음과 무기력을 경험 하게 될 여지를 남길 수 있는 일반적 상황에서의 대화를 경험해 보는 것이다. 또한 어느 한 영역만을 우수하다 아니다 등의 편견을 가지기보다는 매 상황의 필요에 따라 적절히 병행하고 활용할 수 있어야한다는 것을 아래의 실습을 통해 경험해보기를 권한다.

실습

	2인 1조로 나누어 하는 것이 효과적
역　할	코칭고객 역할 : 상대에게 자신의 변화하고 싶은 주제를 이야기한다. 코치 역할 : 코칭고객의 이야기를 듣고 경험을 나눈다.

예

코치　　　: 오늘 특별히 해결하고 싶으신 것이 있다면 어떤 것인가요?

코칭고객 : (자신의 이야기를 한다.)

코치　　　: 잘되시던가요?, 어떤 방법들을 해보셨나요? 등

코칭고객 : (자신의 이야기를 한다.)

코치　　　: 그런 방법이 도움이 되던가요? 안되시죠? 자! 그건 제가 잘 알고 있으니 저에게 들어보세요.(자신이 생각 하는 방법들을 열거하고 그러한 방법은 도움이 안 된다는 전문가로서의 조언을 한다.)

☑ 서로의 느낌과 소감을 나눈다.

　A :

　B :

실습을 통해 어떤 유익의 경험을 체험하였는지 정리

지금까지의 자신의 대화형식은 어떠했는지 점검해보고 정리

본 과정을 통해 깨달은 교훈은?

2. 코칭의 분류

코칭의 분류에 따라 코칭 적용의 대상이 정해지고 분야가 정해진다. 그에 따라 매우 다양하고 광범위한 인간 사회 발전에 직접적이든 간접적이든 다가설 수 있게 됨은 물론 그 개인의 발전과 성장을 도모함과 함께 코치로서의 성장 및 기여도 가능해진다. 결국 코칭의 분류에 따른 세분화는 그만큼 세상과 사회의 요구는 물론 개인적 요구도 늘어나고 있음을 반영한다. 또한 코칭 영역의 전문화도 필요로 한다는 것을 의미한다고 할 수 있다. 이러한 코칭의 분류와 세분화는 매우 다양한 사람들이 살아가고 있는 사회에서 좀 더 전문적인 방법론을 가지고 다가갈 수 있음을 알 수 있다.

• 코칭비용 지불 주체에 따른 분류

☑ 기업코칭(Corporate Coaching)

코칭 비용의 지불 주체에 따라 기업코칭과 개인코칭으로 분류할 수 있으며, 코칭비용을 회사가 지불하는 경우를 대부분 기업코칭이라고 한다. 기업코칭을 제공하는 코치에는 내부코치(Internal Coach)와 외부코치(External Coach)로 다시 나눌 수 있다.

- 내부코치(Internal Coach)는 해당 기업 내부에 직원으로서 소속되어 있는 코치
- 외부코치(External Coach)는 해당 기업 외부의 별도 기관에 소속되거나 독립적으로 활동하는 전문코치들을 의미한다고 하겠다.

☑ 개인코칭(Personal Coaching)

코칭을 받는 개인이 코칭비용을 지불하는 경우를 개인코칭이라고 한다.
개인이 코칭의 필요성을 느껴 개인적으로 코치를 고용하여 비용 또한 개인이 지불하게 되는 경우를 의미한다.

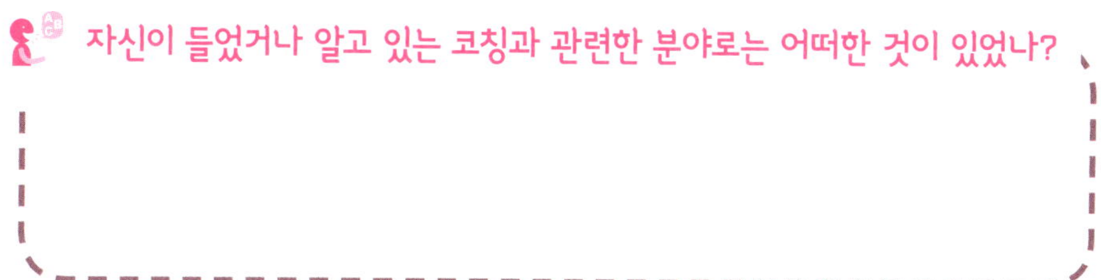

• 코칭영역에 따른 분류

코칭을 필요로 하는 대상의 욕구나 비전, 현재 상태나 상황에 따라 적용되는 것을 나누어 놓은 것이 곧 코칭의 영역별 분류 기준이라 할 수 있다.

☑ 비즈니스코칭(Business Coaching)

코칭은 스포츠 분야에서부터 광범위하게 시작되면서 코치가 직업의 한 형태로서 일반인의 삶과 비즈니스 영역으로 확대되기 시작하였다. 1980년대 후반부터 미국을 중심으로 기업들이 코칭을 도입하기 시작하였다. 그 이유는 이전까지 기업 경영은 주로 상의하달(上意下達) 방식을 통해 이루어져 왔으며 최고경영자와 임원들이 주요 의사결정을 내리고 관리자들은 실무자들을 감독하면서 최고경영층의 지시가 잘 이행되는지를 점검하는 형태의 수직적 형태를 취하고 있었다. 그러나 그러한 과정에서도 상의하달 방식을 가장 효율적으로 수행할 수 있는 형태의 조직들이 생겨나고 전 세계에 걸쳐 기업을 둘러싼 환경은 급속한 변화를 맞이했다. 특히 기업 간의 경쟁이 날로 치열해져 가는 와중에 기업들은 생존을 위해 다양한 방법과 전략을 수립해야 하는 세기의 기업변화라는 폭풍에 노출되지 않을 수 없었다. 끝없이 이어지는 의사결정 과정과 상황의 급변에 따른 구성원들의 요구는 점점 더 커지기 시작하였고 이런 과정에서 상의하달 방식의 문제점들이 드러나기 시작했고, 특히 세계시장에서 살아남기 위해서 기업 구성원 개개인의 자발적 참여와 창의성 그리고 개개인의 잠재적 능력의 개발이 조직원은 물론 기업의 성패 및 국가의 존망을 결정하는 요소로 자리매김하게 되었다.

이런 기업환경에서 기업의 최고경영자는 구성원들의 자발성과 창의성 그리고 잠재적 역량을 최대로 발휘하게 하는 것이 무엇인가가 화두로 대두되기 시작하면서 그 방안을 위한 구체적인 방법을 모색하게 되었고 이런 과정에서 코칭(coaching)이 주요 기법으로 경영에 접목되기 시작하였다고 볼 수 있다. 따라서 비즈니스 코칭은 회사운영, 리더십, 퍼포먼스 향상, 수익률 개선, 대인관계, 목표관리는 물론 동기부여, 조직관리, 성과관리, 경력관리, 조직문화 향상 등 비즈니스와 관련한 전반의 이슈에 주요 초점을 맞추게 되었다.

즉 비즈니스 코칭은 비즈니스 상황에서의 목표를 달성하고 성과를 이루며 조직적 목표는 물론 개인적 개발을 주 내용으로 이루어진다.

☑ 라이프코칭(Life Coaching)

코칭고객의 인생 전반에 관한 것을 주제로 다루고 라이프 코칭은 미래를 디자인하도록 돕는 상호협력적인 친밀한 인간관계라고 할 수 있으며, 장단기 목표를 설정하고 비전을 갖도록 돕는다.

삶에 있어서 일어나는 여러 가지 이슈들, 예를 들면 삶의 균형, 만족감 향상, 인간관계 개선, 인생의 의미와 목적의 발견, 꿈과 비전, 오래된 습관의 변화 등에 초점을 맞추어 자신이 원하는 삶을 살도록 하는 코칭을 라이프코칭이라 한다.

코치들은 코칭고객이 자신 삶에 있어서 모든 방면에서 성취하는데 필요한 다양한 전략을 스스로 만들고 실행하도록 고무시키는 역할을 한다. 코칭고객에게 보이는 무조건적인 긍정적 관심과 지지 그리고 격려와 상호책임은 코칭고객 스스로 자신의 삶을 긍정적으로 선택하고 그 선택에 대한 책임감을 가지고 나아가도록하기 위해서이다. 코치는 코칭고객 각자의 장점과 그들 스스로 해결책을 찾아내는 개인적 잠재능력의 개발에 초점을 맞추어 그들의 삶을 더욱더 만족스럽게 디자인한다. 이 과정에서 코치는 코칭고객에게 온전히 집중하여 후원과 지지를 아끼지 않으며 고객이 원하고 바라는 바람직한 삶 즉 코칭고객이 가장 관심을 두는 궁극적인 만족을 위한 욕구의 성취를 위해 코칭고객만의 특별한 목적과 가치를 표현하는 삶을 살아가도록 지원하게 된다. 또한 사람들이 자신의 잠재력과 탁월성을 발견하여 보다 행복하고 성공적인 삶을 살아가도록 돕는 라이프 코치는 코칭고객이 자신의 비전, 목표, 바램을 정확히 인식하고 자신의 재능과 열정을 사용하여 스스로 원하는 삶을 살 수 있도록 돕게 된다.

비즈니스코칭과 라이프코칭은 초점이 주로 어디에 있는가에 따라 구분한 편의상의 개념에 불과하다. 비즈니스코칭에서도 라이프코칭의 이슈가 다루어 질 수 있으며 그 반대의 경우도 얼마든지 있을 수 있다.

그 외에도 더 세부적인 영역으로 구체화 되어 다양한 코칭이 존재하며 내용과 대상에 따라 CEO코칭, 가족코칭, 커리어코칭, 데이트코칭, 학습코칭, 리더십코칭, 청소년, 학부모, 공직자, 교사, 적성과 진로 등 코칭의 분야는 무궁무진하며 사회

환경이 변화하고 발전함에 따라 따라 보다 세분화될 것이다. 즉 코칭의 분야는 그 시대의 요구와 사회의 이슈, 그리고 인간의 삶 전체가 코칭의 분류에 의해 나뉘질 수 있다는 것을 의미하며, 인간의 삶이 개인과 사회라는 양면 즉 너와 나의 양극으로 구분할 때 나와 내가 속해있는 사회로 나뉠 수 있으며, 이것은 또 나와 사회 안의 역동과 그 역동 속에서 나와 사회의 욕구 대상에 따라 나눌 수 있음을 의미한다고 볼 수 있다.

3. 코칭의 분야

셀프, 학습, 적성, 진로, 가족, 비즈니스, 대인관계, 목표 관리, 성과관리 등 그 분야는 무궁무진하다.

- **코칭 분야 가지 모형**

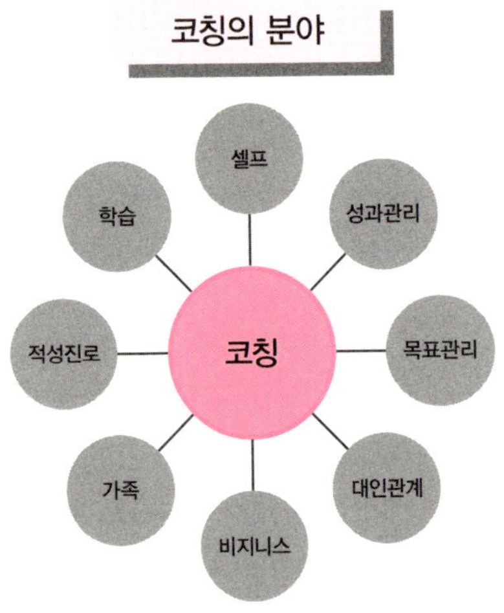

4. 코칭의 효과

코칭이 국내외에 다양한 모습으로 개인과 조직의 필요에 따라 그 활용도가 높아

지면서 코칭의 효과에 대한 자료들이 요구되고 있다.

여러 기관들의 결과를 중심으로 정리를 해보면 아래와 같다.

☑ Kampa Kokesch & Anderson(2001)

Metrix Global, LCC는 Fortune선정 500대 기업을 대상으로 한 조사에서 임원 코칭프로그램에 대한 ROI를 분석한 이 조사기관의 분석에 따르면 코칭의ROI는 529%로 사업에도 커다란 영향을 미치며, 인재를 유지하는 것을 재무적 이익으로 분석한 경우 프로그램에 대한 전반작인 ROI가 788%로 증가 하였다.

☑ Chartered Management Institute(2002)

관리자를 대상으로 하는 설문에 따르면 80%가 직무현장에서 코칭으로부터 도움을 받았다는 의견을 제시하였고 93%는 코칭이 직급이나 직위와 관계없이 모든 임직원에게 제공될 필요가 있다는 보고다.

☑ Crane(2005)

교육만으로 상과의 향상정도는 22%이지만, 교육에 코칭을 접목할 경우의 성과 향상 정도는 88%에 달한다. 이것은 교육과 코칭의 접목이 더 많은 성과 향상을 예측하게 한다는 것을 볼 수 있다.

☑ Rock(2005)

BMW소속 158명의 임원을 대상으로 한 연구에서 코칭을 받은 참가자가 그렇지 않은 참가자에 비해 사업 전반의 3배 이상의 영향을 미쳤으며, ROI도 120%에 이르는 것으로 보고되었으며 코칭 참가자의 58%는 코칭의 결과에 따른 가시적인 금전적 가치가 있었고, 문제제기 건수가 줄고 회의에서 소비하는 시간도 줄었다고 보고하였다.

☑ Integrabiz(2007)

Fortune선정 1000에 속하는 기업의 코칭 참가자들은 코칭의 결과가 그들이 받은 서비스의 비용보다 6배 이상의 가치가 있다고 평가하였다.

☑ Zenger & Stunnett(2007)

효과적인 코칭은 임직원이 소속 직장을 이직하지 않을 가능성을 두배 이상 높인다는 것이다. 이것은 코칭이 이직률을 감소시키는데 효과적임을 보여준다.

☑ 학교성장프로그램 분석 보고(2012)

2010~2012년까지 학교교육현장에 코칭을 접목한 결과 출/결과 성적 향상과 적응에 큰 영향을 미치는 것으로 나타나고 있으며, 학생들을 대상으로 한 설문에 따르면 87% 이상의 참가자가 코칭에 대한 긍정 평가를 보여준다.

·

즉 코칭은

리더의 영향력을 강화하고, 조직 내 **효과발휘를 가속화**하며,

전반적인 **직업만족도를 제고**하고, **이직률을 감소**시키고

개인의 의식을 확장하여 **탁월한 잠재력을 개발**하며 **관계를 성장**

시키고, 보다 더 **상위의 삶을 영위**하게 한다.

·

교육만으로도 생산성을 22%향상시킬 수 있지만,

교육과 코칭을 함께 **활용**할 때 생산성은 88%나 제고됨.

>> Andrew W. Talking ton, Business Magazine Chemistry Section, 2002.11.

Fortune선정 100대 기업에 대한 **코칭 적용 조사결과**

1,825%의 ROI 투자 회수율이 확인됨.

>> Dr. Sherman Severin, 2003 ICF Coaching Research Symposium발표

- 이 모듈에서 새로운 것은?

- 코칭 철학을 통해 새롭게 알게 된 것은?

- 한국코치협회의 코치 윤리를 지키기 위해 현재 끝내야할 것은?

- 11가지 코치 역량을 통해 새롭게 정리된 것은?

- 코칭과 다른 유사영역의 구분을 통해 새롭게 알게 된 것은?

- 코칭을 접하고 나서 다음 시간까지 시도해 보고 싶은 것은?

◆ 현·안·행 코칭모델 Frame Work를 이해할 수 있다.

◆ 현·안·행 코칭모델을 익힐 수 있다.

◆ 현·안·행 코칭모델의 각 단계별 질문을 습득할 수 있다.

코칭 모델
2
MODULE

현·안·행 (E·C·O)

◆ 현(E) = 지금 나의 현실적 환경의 구성 상태를 깨어서 인식히고 알아차림을 의미한다.

◆ 안(C) = 우리가 알아차린 현실에 합당하고 긍정적인 목표를 이루기 위해 여러 방법과 해결안 등의 도출을 위한 물적 인적 자원 및 개인 내외적 자원과의 협력 가능 체계를 통해 여러 방법들을 계획하는 것이다.

◆ 행(O) = 다양한 해결안을 도출해 내어 행동으로 옮기는 전술이다.

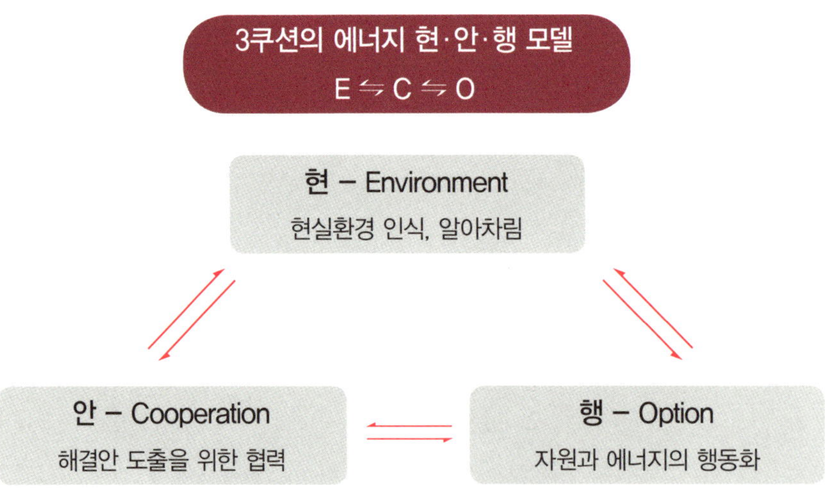

이러한 과정이 반복적이며 상호 협력적이고 유기적으로 이루어질 때 우리의 목표를 위한 에너지를 생성해낼 수 있게 된다.

고객으로 하여금 현실적으로 실현가능한 물적 자원과 인적 자원은 물론 환경을 찾아 자신만의 체계화된 방안을 생각해 내고 실행하도록 하는 것이다.

이것은 코치가 코칭고객 스스로 자신의 성장과 발전을 위한 행동의 선택에 책임 강화를 돕고자하는 코칭 모델이며, 코칭 모델의 예로는 SMART, GROW, 5R, LOVE, COACH 등, 이외에도 전문코치들에 의해 개발된 다양한 모델들이 있다. 누구나 쉽게 하는 코칭에서는 저자가 도입한 현·안·행 (E·C·O)모델을 통해 안내하고자한다.

1. 현·안·행 코칭 모델

• 현·안·행 과정

◆ 현·안·행 모델 안에는 E·C·O의 시스템이 존재한다.

현 : 현재 자신의 환경과 상태를 점검하도록 한다. 현재의 환경 안에서 해결해야
　　 할 문제가 무엇인가?

Environment : 시간/공간, 물리적/정신적, 내적/외적 등의 환경에 대한 정보의
탐색과 현실 상태점검과 인식

안 : 지금 고객 스스로 필요로 하는 것이 무엇인지? 코치와 고객이 협력하여 자
　　 원과 방안의 탐색 및 욕구와 관련한 목표의 발견을 통한 구체화 과정이다.
　　 고객이 무엇을 원하고 있는지? 고객의 가능성을 실제적 목표로 전환하는
　　 것이다. (실행 가능한 목표를 만드는 것)
Cooperation : 자신의 자원을 이용하여 환경과 협력하여 최적화 상태를 찾아
조성 하는 것이다.

행 : 행동의 전략을 만들어 내는 것으로 목표달성을 위한 다양한 행동 전략을

수립하고 현실적으로 가장 실행 가능한 실천 계획을 수립하여 실행하고 확인하고 점검하는 과정으로 이루어진다.

Option : 코칭의 결과로 고객의 원하는 상태를 구축하고 만들어가기 위한 실천의 점검과 확인을 통한 성공의 경험으로 고객의 발전을 도모하고자 하는 것이다.

각 단계의 과제

- 현의 과제: 고객의 Environment 내의 현재 상태에서 친밀감과 래포의 형성 및 고객에 대한 관심과 집중으로 고객의 현재 상태에 대한 정보를 탐색하고 공유할 수 있다.
- 안의 과제: 고객의 안과 밖의 다양한 자원과 Cooperation을 할 수 있는 방법의 모색으로 현재 상태와 원하는 상태의 갭을 최소화하고 고객의 강점과 잠재력을 극대화하여 코칭의 주제 및 목표를 설정 다양한 해결안을 찾아보고 실행력을 높일 수 있는 최적의 안을 선택하여 실천 계획을 수립함으로 성공경험의 가능성을 높일 수 있다. Option 도출을 위한 환경과 자신과 타인 그리고 환경을 통한 협력 시스템을 만든다.
- 행의 과제: 고객의 자원과 환경 내에서의 활용 가능한 Option들을 고객의 변화와 성장을 위한 정보로 활용하여 고객의 긍정적 변화를 위한 적응력 강화 및 실행의 실증적 소득을 얻을 수 있도록 지지와 격려를 함과 동시에 상호책임과 점검을 통한 긍정적 변화 경험을 획득 할 수 있다.

• 현·안·행 코칭의 효과를 위한 방법

☑ 입장을 바꾸어 생각해 본다.

사람마다 성장 배경과 사회문화적으로 학습되고 또한 처한 환경이 다르기 때문에 자신의 생각과 다른 것일지라도 "나라면 안 그럴 텐데"가 아니라 상대의 입장이 되어 그럴 수밖에 없는 이유가 무엇인지를 찾는다.

☑ 말의 내용뿐 아니라 내면의 감정에 주의를 기울인다.

대화를 할 때 내면적인 감정을 그대로 드러내는 경우는 드물다, 따라서 겉으로 표현된 말 뿐 아니라 그 속에 담겨 있는 동기나 욕구 및 감정을 탐색하며 상대에게 집중하려 애쓴다.

☑ **의문점이 있으면 질문한다.**

미리 짐작하는 것으로 지나치지 말고, 상대의 말에서 확실하게 파악되지 않은 점들을 확인한다. 그래야 관심을 기울이고 있는 것을 상대가 알 뿐 아니라 공감수준도 깊어지기 때문이다.

☑ **판단하지 않는다.**

"옳다/그르다" "선하다/악하다"와 같이 상대를 평가하거나 판단하지 말고 상대가 느끼고 행하는 것 자체를 공감한다.

☑ **선입견이나 편견에서 벗어난다.**

상대방의 과거, 전해 들었던 말, 신체적 특성 등에 의한 선입견과 주관적인 판단에 좌우되지 않고 상대방이 지금 그리고 여기에서 느끼고 행하는 바가 무엇인지에 초점을 맞추어 듣는다.

☑ **결점이나 문제점보다 감추어진 장점과 잠재력을 찾으며 듣는다.**

다른 사람의 문제점은 누구나 쉽게 찾는다, 그러나 공감을 잘하고 남의 말을 잘 들어주는 사람은 남이 찾지 못하는 상대의 장점을 찾는 능력이 뛰어나다.

☑ **표현된 말과 함께 비언어적인 메시지에 귀를 기울인다.**

말의 내용과 함께 목소리의 강약과 떨림. 시선. 제스처. 억양. 표정. 자세 등에 더 많은 내면적 정보가 실리기 때문에 상대의 말을 이해하고 경청하기 위해서는 이러한 비언어적 메시지에 귀를 기울일 줄 알아야 한다.

사람들에게 호감을 갖게 하는 방법은 간단하다. 상대의 三聽을 보다 열심히 온전히 듣는 것이다.

• 코치의 자세

코칭에서 코칭을 필요로 하는 사람을 코칭고객 즉 손님이자 전문가라는 관점에서 볼 때 코치의 자세를 자신의 언어로 아래와 같이 정리해 본다.

예 1. 모르면 (질문)한다.
   2. 상대에 대한 정보를 (요청)한다.
   3. 전문가를 모셔 (경청)한다.
   4. 나에게 찾아 온 (손님)께 온 맘을 다한다.
   5. 그 가 내게 왔음을 (감사)한다.

자신의 말로 정리

1. 모르면 (   )한다.
2. 상대에 대한 정보를 (   )한다.
3. 전문가를 모셔 (   )한다.
4. 나에게 찾아 온 (   )께 온 맘을 다한다.
5. 그 가 내게 왔음을 (   )한다.

이러한 내용들은 코치로서 또는 코칭을 필요로 하는 누군가를 대할 때 스스로 정하는 나름의 기준을 제공할 것이다.

2. 현·안·행 벤다이어그램

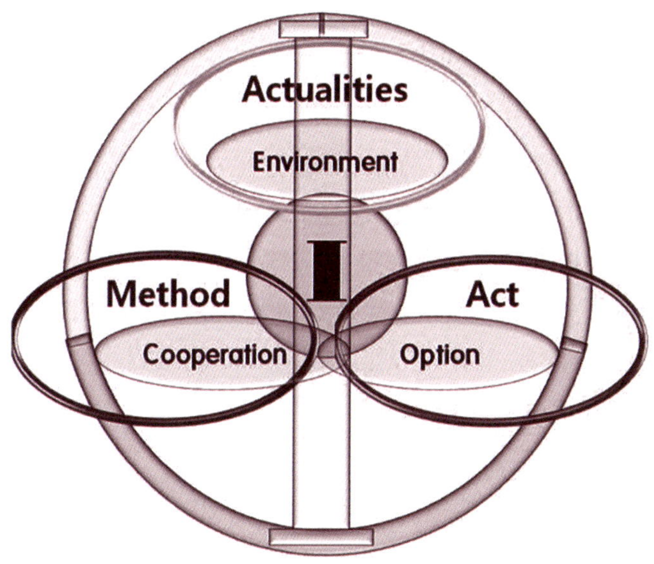

◆ 큰 원 : 나라는 우주 안에 해결을 위한 환경과 자원 및 해결과제에 따른 해결방법 그리고 해결의 주체인 중심으로의 나가 있다.

◆ 작은 원들 : 겉으로 보이는 커다란 나라는 모습 뒤에는 다양한 내가 존재한다. 본능적인 나. 현실적인 나, 사회문화적인 나 등으로 역동하고 있는 것이다. 이러한 것들은 욕구해결의 우선순위에 오르기 위해 서로 갈등하거나 협력하고 있다.

◆ 작은 원안의 I : 깊은 곳에서 역동을 하고 있으나 겉으로 보이는 나와는 다른 모습을 하고 있다. 외부환경에 의해 보여 지는 나로 인해 숨어있으나 그 존재가치를 인정받고자 갈망하고 있는 것이다.

◆ E·C·O : 나로부터 크고 작은 볼들이 움직여 나름의 환경을 만들고 그 환경 속에서 에너지를 동원하여 자신이 가지고 있는 정보의 탐색을 통해 협력 할 수 있는 자원과의 알아차림을 시도 그 알아차림은 현실적으로 실행가능한 행동의 방법을 마련하게 되며 그 행동은 실행할 구체적인 시스템을 만들어 문제해결과 성장을 도모한다는 것으로 이것은 우리의 의식과 무의식의 합의와 협력으로 평안을 경험하게 한다.

3. 현·안·행 질문과 리포트 작성

E
현실적
환경
{
지금 당신의 현실은? 또 다른 현실은?

오늘 나누고 싶은 주제는?

해결하고 싶은 것은?

지금 당신의 환경은?
}

C
자원의
협력
{
그 현실을 이루는데 무엇이 도움이 될까?

결과를 이루는데 필요한 자원(원동력)은?

현실적으로 실현 가능한 인을 생각해 본다면?

협력할 대상은?
}

O
실행안
{
그 결과(목표)를 이루기 위한 지금 당신의 선택적 행동은?

그 행동을 언제부터 언제까지?

어떻게 점검하면 보다 더 하도록 할까요?

그것을 실행할 수밖에 없는 환경을 만든다면?
}

◆ 코칭 전 코칭고객과의 충분한 관계형성 및 윤리준수 및 동의서의 내용 등을 확인하고 공유한다.

◆ 이러한 과정은 코치로서의 의무와 책임을 의미하며, 보다 전문적인 코치로서의 자세를 만들어가는 것이다.

• 현·안·행 (E·C·O) 시스템

☑ 현 (Environment)

현실을 인식하고 알아차리는 것은 코칭 관계와 신뢰를 위한 주요관점 및 관심(선호 단어).

◆ 관계형성을 위해 존경, 신뢰, 심적 안정, 환경, 친절, 전문성, 평정, 지지와 존경의 언어적 비

언어적 표현, 자연스러움 등을 요한다. 긍정적 관계형성은 상호 성장과 발전으로 나가기 위한 발판을 마련하게 된다. 또한 코칭의 효과를 극대화 하는 요소로서의 작용을 한다.

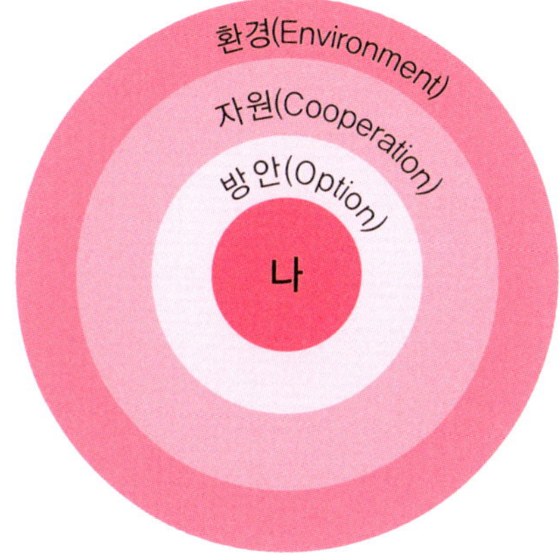

◆ 고객의 유형keyword, 언어지각 양식 등을 활용한다.

◆ 무거운 대화보다는 가벼운 일상적 대화를 활용, 누구나 편하게 수용하고 나눌 수 있는 내용을 선택하는 것이 효과적이다.

예 날씨, 계절적 특성, 의식주 관련, 요일, 사회 문화적 가벼운 이슈, 방송 신문 등의 가벼운 내용 , 유머 등이 효과적이다.

- 그동안 잘 지내셨지요.
- 한 주간에 기억에 남는 것이 있으시다면?
- 지난 한 주간 가장 즐거웠던 것은 언제입니까?
- 날씨. 식사. 여가 등(일상적대화유도)
- 지금 당신의 현실은?
- 또 다른 현실은?
- 지금 당신을 불편하게 하는 것이 있다면?
- 당신이 해결을 필요로 하는 부분은?
- 현재 당신의 발목을 잡고 있는 어려움은?
- 오늘 어떤 이야기를 하면 도움이 될까요?

- 그것을 이룬다는 것은 당신에게 어떤 의미일까요?
- 그것을 위해 언제까지 어떤 모습이 되기를 원하시나요?
- 오늘 코칭 후 어떤 모습이면 만족하실까요?

☑ 안 (Cooperation)

해결자원 (여러 방법과 해결안 도출) 및 필요성과 가치

- 그것이 당신, 사회, 전 우주에 도움이 되나요?
- 지금 상황 대신 당신이 원하는 상황 또는 당신이 원하는 감정은?
- 당신이 원하는 상태 또는 상황은?
- 그 상황이 되기 위해 무엇이 필요할까요?
- 그 목표는 당신에게 어떤 느낌인가요?
- 그 현실을 넘어 이루고 싶은 결과는?
- 결과를 이루는데 필요한 자원(원동력)은?
- 무엇이 있으면 당신의 현실이 변할까요?
- 당신의 자원은 무엇이라고 생각하나요?
- 당신이 원하고 필요로 하는 누군가에게 조언을 듣는다면 어떤 내용이 도움이 될까요?
- 스스로 무엇을 더하면 하고 있구나 하는 생각을 할 수 있을까요?
- 성공한 사람들에게는 무엇을 볼 수 있을까요?
- 현실적으로 실현 가능한 방법에는 어떠한 것들이 있을까요?
- 가장 먼저 시도해 보고 싶은 것은?

☑ 행 (Option)

자원과 에너지의 행동화 실행계획 및 행동책임 및 실행과 확인

- 그것을 위한 당신의 선택에는 어떠한 것이 있을까요?
- 구체적으로 실행에 옮길 수 있는 당신의 첫 행동은 무엇일까요?
- 당신의 불편함을 이길 수 있는 새로움을 찾아본다면 무엇이 있을까요?
- 지금까지 살아오면서 당신이 가장 즐겁고 들뜨게 했던 기억은?

- 당신을 움직이게 하는 가장 큰 선물로는 무엇이 있을까요?
- 그 결과를 이루기 위한 지금 당신의 선택적 행동은?
- 그것을 위해 당신이 절제하고 변해야 할 것은 무엇이 있을까요?
- 그 실행의 행동은 당신에게 어떤 느낌을 줄까요?
- 그것을 했다는 것을 전제하에 어떤 축하의 메시지를 만들 수 있을까요?
- 다음 주 당신의 변화를 제가 어떻게 확인할 수 있을까요?
- 그것을 바탕으로 다음 한 주간 시도해보고 싶은 것은?
- 그 행동을 언제부터 언제까지?

☑ 코칭고객의 코칭 정리

- 오늘의 내용을 정리해 주신다면?
- 고객님의 말로 요약해 주신다면?
- 새롭게 깨달은 것은?
- 교훈이 있으셨다면?
- 유익은?

☑ 코치의 피드백

- 다음 코칭에 무엇을 다루면 유익할까요?
- 무엇을 물어봐 드리면 도움이 될까요?

"각 상황에 유익한 질문을 개발하고 창조하는 것 또한 코치의 능력"

실습

- 위의 현·안·행 (E·C·O) 질문들을 단계별로 3~4개 선별하고 고객정리와 코치 피드백은 1~2개 선별하여 코칭을 경험해 본다. (자문자답도 효과적이다.)

2인 1조로 나누어 하는 것이 효과적	
역 할	코칭고객 : 코　　치 :

☑ 질문 만들기

자신만의 다양한 질문을 만들어보고 활용해 보는 것은 코칭고객에게 적용하기 위해서만이 아니라 자신에게 질문 해보고 그 질문에 대한 자신의 답을 찾아가는 동안 Self Coaching을 경험하게 된다. 이러한 경험은 자신과 타인을 바라보는 관점의 전환과 함께 코치로서 그리고 고객으로서의 경험을 제공한다.

2인 1조로 나누거나 자문자답도 효과적	
현 (E)	
안 (C)	
행 (O)	

현·안·행 (E·C·O) 코칭 리포트

회__차 / 총__회

고 객 명 : __________   날   짜 : __________   시작 시간 : __________

코 치 명 : __________   종료 시간 : __________

현·안·행 (A·M·A)	코 칭 내 용
현 Environment · 현실을 인식, 알아차림. 환경 점검 · 관계 및 신뢰 주요 관점 및 관심 키워드	그 동안 잘 지내셨지요? 한 주간에 기억에 남는 것이 있으시다면? 날씨, 식사, 여가 등 (일상적인 대화로 유도) ① 지금 당신의 현실은? ② 또 다른 현실은? ③ 지금 당신을 불편하게 하는 것이 있다면? ④ 당신이 해결을 필요로 하는 부분은? ⑤ 현재 당신의 발목을 잡고 있는 어려움은?
안 Cooperation · 협력과 네트워크 및 해결 자원 · 여러 방법과 해결안 도출 · 필요성과 가치	그 것이 당신, 사회, 전 우주에 도움이 되나요? ① 지금 상황 대신 당신이 원하는 상황 또는 당신이 원하는 감정은? ② 당신이 원하는 상태 또는 상황은? ③ 그 현실을 넘어 이루고 싶은 결과는? ④ 결과를 이루는 데 필요한 자원(원동력)은? ⑤ 무엇이 있으면 당신의 현실이 변할까요?
행 Option · 자원과 에너지의 행동화 · 실행계획 및 행동과 책임 · 실행력과 확인	그것을 위한 당신의 선택은? ① 당신의 불편함을 이길 수 있는 새로움을 찾아본다면? ② 지금까지 살아오면서 당신을 가장 즐거웠거나 들뜨게 했던 기억은? ③ 당신을 움직이게 하는 가장 큰 선물은? ④ 그 결과를 이루기 위한 지금 당신의 선택적 행동은? ⑤ 그 행동을 언제부터 언제까지?

고객의 코칭 정리	오늘의 내용을 정리 해 주신다면? 고객님의 말로 요약 해 주신다면? 새롭게 깨달은 것은? 교훈이 있으셨다면? 유익은?
코치의 발견	다음 코칭에 무엇을 다루면 유익하시겠습니까? 무엇을 물어 봐 드리면 도움이 될까요?

다음 코칭 날짜 : ___________　　시작 시간 : __________

• 현·안·행 코칭 리포트 작성

위 리포트 안의 질문을 각 단계별로 2~3개 정도 선정하여 지금까지의 내용을 토대로 현·안·행 모델을 활용한 코칭실습을 해보고 리포트를 작성해 본다.

이러한 과정을 통해 코칭 내용을 명료화하고 상호 대화 과정에서 일어날 수 있는 정보의 오류의 확인과 점검을 가능하게 한다.

<table>
<tr><td colspan="3" align="center">현·안·행 (E·C·O) 코칭 리포트</td></tr>
<tr><td colspan="3" align="right">회__차 / 총__회</td></tr>
<tr><td>고 객 명 : ___________</td><td>날　짜 : __________</td><td>시작 시간 : __________</td></tr>
<tr><td>코 치 명 : ___________</td><td></td><td>종료 시간 : __________</td></tr>
<tr><td align="center">현·안·행 (A·M·A)</td><td colspan="2" align="center">코 칭 내 용</td></tr>
<tr><td align="center">현
Environment

· 현실을 인식, 알아차림.
· 관계 및 신뢰 주요 관점
　및 관심 키워드</td><td colspan="2"></td></tr>
</table>

<table>
<tr><td>안
Cooperation
· 해결자원
· 여러 방법과 해결안 도출
· 필요성과 가치</td><td></td></tr>
<tr><td>행
Option
· 자원과 에너지의 행동화
· 실행계획 및 행동 책임
· 실행력과 확인</td><td></td></tr>
<tr><td>고객의 코칭 정리</td><td></td></tr>
<tr><td>코치의 발견</td><td></td></tr>
</table>

다음 코칭 날짜 : ___________   시작 시간 : ___________

- 경험 나누기

코치(코치를 한다는 것은?)

코칭고객(코칭을 받는다는 것은?)

- 현·안·행 코칭 모델의 Framework에서 좋았던 것은?

- 현·안·행 코칭 모델을 익힘으로 새롭게 정리된 생각은?

- 현·안·행 코칭 모델로 코칭 하기 위해 시도해 보고 싶은 것은?

◆ 에니어그램의 성격유형을 찾을 수 있다.

◆ 에니어그램의 9가지 유형을 구별할 수 있다.

◆ 에니어그램의 각 유형별 Key Word를 이해할 수 있다.

◆ 에니어그램의 각 유형별 Key Word를 적용하여 코칭 질문

을 만들 수 있다.

유형 활용 코칭
3
MODULE

에니어그램

◆ 수천 년 전 지금의 중앙아시아에서 시작하여 1970년대 미국을 중심으로 활발한 연구와 적용이 이루어진 성격검사도구이다.

그리스어로 "아홉 개의 점이 있는 그림"을 뜻하며, 사람의 성격을 9가지로 나누고 있다.

◆ 인간의 본성과 그것의 복잡한 상관관계를 아홉 가지의 기본적 유형으로 구분하여 설명하고 있으며 이것은 다시 크게 3가지로 그 에너지를 분류하고 있다.

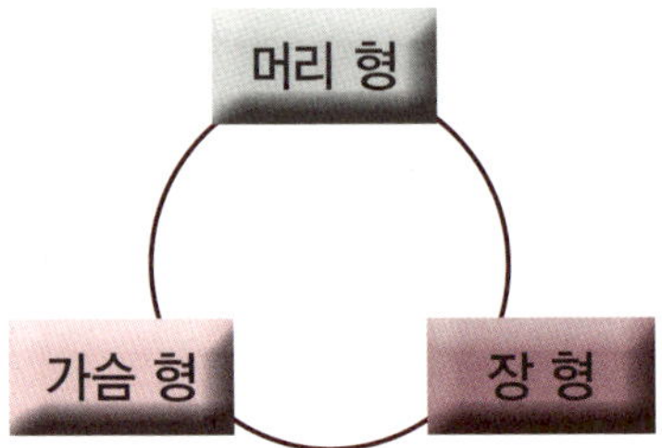

☑ 본능 중심(장)

진실 또는 현실 규범과 규율의 준수, 신속한 상황파악, 당연함과 의무 강조, 담력과 대담성, 객관적, 배타적, 명확한 자기 입장.

장 유형

- 8번 유형: 지도자
- 9번 유형: 조정자
- 1번 유형: 개혁자

☑ 감정중심(가슴)

매력적인 미소, 부드러운 인상과 용모, 사람중심, 직관적 상황 파악, 이타심, 현실적 감정반응, 인간 존중, 인문주의

가슴 유형

- 2번 유형: 조력자
- 3번 유형: 성취인
- 4번 유형: 예술가

☑ 사고중심(머리)

수줍음, 소심, 관찰, 분석, 비교와 대조의 사고과정으로 상황파악, 심성안정을 위해 그룹에 의지, 논리적, 이성적, 타당성 여부의 결정과정.

머리 유형

- 5번 유형: 탐구자
- 6번 유형: 충성인
- 7번 유형: 열정인

1. 각 유형 특성

☑ 8번 유형(지도자)

- 힘이 넘치고 주도적, 지배적이며 결단력이 있고 타인을 리드.
- 전적이고 행동 지향적.
- 의지가 굳고 유능하며, 의협심이 강함.
- 자기주장이 강함.

- 겸손
- 부드러움, 여유
- 협력과 존중
- 수용, 양보

☑ 9번 유형(조정자)

- 평화를 추구하며, 타인에게 편안한 인상을 줌.
- 친근하고 부드러운 인상으로 편견 없이 사람을 대함.
- 침착하고 객관적이며 수용적.
- 인내심이 있고 솔직함.

- 현실 적응.
- 결정력, 부지런 함, 규칙
- 타협과 양보
- 솔직, 명료함

☑ 1번 유형(개혁자)

장점

- 원칙이 분명하고, 부지런하며 규칙적.
- 자신에게 엄격, 근본적이며 기본을 중시.
- 도덕적 윤리의식.
- 책임감이 분명하며 모범적 생활.

개발할 점

- 여유로움, 관대
- 상냥함, 낙천
- 칭찬과 격려.
- 공감.

☑ 2번 유형(조력자)

장점

- 마음이 따뜻하고 친절하며 관대함.
- 베풀고 나누는 일을 선호.
- 유머감각이 있고, 상대의 칭찬을 잘함.
- 싫은 소리를 못하고 수용적.

개발할 점

- 말을 아낌
- 독립심, 자기애
- 자립, 솔직함
- 사양, 거절

☑ 3번 유형(성취인)

장점

- 스스로 뛰어나고 유능하다고 생각.
- 성공과 목표 지향적.
- 융통성이 있고 자신의 이미지 관리에 철저.
- 자신감이 넘치며 열정적이고 매력적.

개발할 점

- 공통체 의식
- 협력과 분배
- 진솔함
- 이타성, 포용.

☑ 4번 유형(예술가)

장점

- 자유를 추구하며, 상상력이 뛰어남.
- 감수성이 풍부하고 낭만적.
- 심미적이며 감각적이고 예술적.
- 자신만을 특별한 존재로 인식.

개발할 점

- 감정조절
- 자기애
- 만족감, 이해, 현실인식
- 이타심, 의식 강화

☑ 5번 유형(탐구자)

- 조용하며 이지적.
- 예민하고 통찰력이 있음.
- 호기심이 많아 지식 축적을 선호.
- 분석력과 관찰력이 탁월.

- 현실성, 겸손.
- 사회성, 관계형성.
- 사교성
- 타인 존중

☑ 6번 유형(충성인)

- 신중하며 안전제일 주의를 추구.
- 권위와 전통을 중시함.
- 규범과 약속을 잘 지킴.
- 신뢰하는 이에게 헌신하고 책임감이 강함.

- 신뢰
- 긍정적 사고
- 자신감
- 자기개발과 창의성

☑ 7번 유형(열정인)

- 삶을 열정적으로 살아감.
- 행복을 강하게 추구하며 낙천적.
- 사교적이고 근심이 없으며, 다재다능함.
- 생기가 넘치고 삶을 즐겁게 살아감.

- 자제력
- 집중, 절제, 자기 조절
- 진지함, 신중함
- 책임감, 진중함, 침착

2. 유형의미 모형

◆ 유형의 특성들은 주 기능과 양 날개로 나뉘어 구분한다.

◆ 1차적으로 주기능은 선천적으로 보유하고 있다.

◆ 하나의 날개는 30세 전후의 양육환경과 가족 문화에 의해 형성된다.

◆ 또 하나의 날개는 자신이 속해있는 사회 문화적 환경과 자신의 적응과 학습을 통해 형성
된다.

유형의미 비행 모형

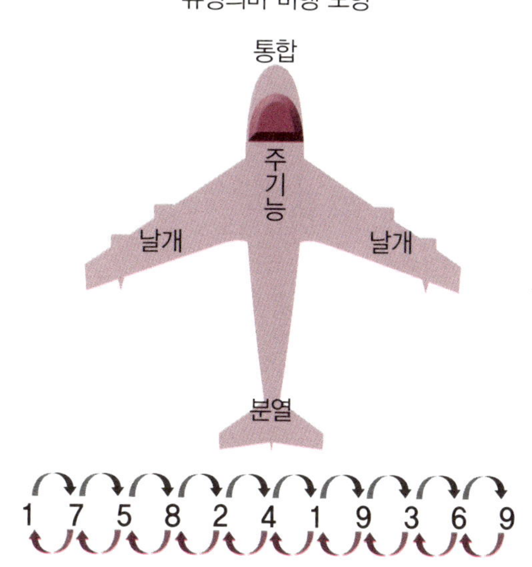

검사를 통해 자신의 유형을 확인할 수 있다.

가장 높은 수치가 주기능(자신의 중심 유형)을 의미한다.

주기능의 번호에 따라 양 옆의 번호를 날개라고 하며 그 수치를 적는다.

위의 그림에 ⌒ 표시는 통합의 방향을 의미하며 ⌣ 표시는 분열의 방향을
의미함으로 각각 그에 해당하는 번호의 수치를 통합과 분열에 적는다. 이러한 유형
의 점검과 확인은 유형의 특성을 활용하여 코치와 코칭고객 간의 신뢰 형성의 정
보로 활용할 수 있으며, 코칭의 주제로도 활용될 수 있다.

유형 확인

1. 3단계 유형 확인

1단계 : 검사를 통해 유형을 확인한다.
2단계 : 외형의 특징을 통해 유형을 확인한다.
3단계 : 인터뷰를 통해 개인의 스토리를 점검하여 확인한다.

☑ 1단계 : 유형 확인 간단 검사(부록에 첨부된 간단검사지 활용)

검사유의 사항에 따라 검사 후 수치를 적어보고 자신의 유형을 확인해 본다.

검사 전 유의사항

- 이 검사는 성격을 진단하거나 개인의 능력을 평가하는 심리진단 도구가 아니며 선천적인 심리의 경향성을 알아보는 비 진단 검사이다.
- 이 검사지의 문항에는 정답이 없으며, 각 문항을 읽은 후 자신에게 습관처럼 편안하고 자연스러운 경향 즉, 자신에게 좀 더 가깝다고 생각되거나 느끼는 문항을 골라 별도의용지에 표시한다.
- 시간의 제한은 없으나 한 문항에 지나치게 몰입하거나 의식적으로 일관성 있게 응답하기 보다는 자신에게 편안함을 주는 문장에 응답하는 것을 권장한다.
- 자신이 이상적으로 원하거나 바라는 문항을 중심으로 답하기보다는, 편하게 느끼고 자주 행동하는 경향성에 답한다.

☑ 2단계 : 외형 특징 확인

1유형 : 대부분 전체적으로 균형을 이룬 I자형 체형으로 정제된 군인 같은 느낌
　　　　의 외형을 소유하고 있다.

선호용어

규칙	꼼꼼한	양심	원칙	근본
기본	책임	완벽	정리정돈	질서
의무	건강	부지런	정확	시간 관리

2유형 : 친근감과 호감을 느끼는 편안하고 동글동글한 외형 옆집아주머니, 아저
　　　　씨 같은 느낌의 외형을 소유.

선호용어

인정	칭찬	친절	관대	봉사
이해	공감	관계	이타심	동정
함께	배려	다정다감	따뜻한	자상

3유형 : 전체적으로 세련되고 정돈된 아나운서 같은 딱 떨어지는 인상을 소유.

선호용어

실용	성공	목적지향	기회	성취
야망	적극적	효율	매력	경쟁
적응	융통성	자기 관리	유능	자신감

4유형 : 의상이나 액세서리 등이 남다르며 여럿이 함께 있어도 눈에 잘 들어오며
      어떤 방식으로든 자신만의 독특함을 표현.

선호용어

감각적	세련	상상	창조	낭만적
자유주의	민감한	독특한	감성	개성
예술	서정적	감정기복	자연주의	특별함 선호

5유형 : 어딘지 모르는 무게가 느껴지며 대체로 말수가 적고 여럿이 함께 무엇인
      가 하는 것을 굉장히 부담스러워하며 지적이고, 직접적으로 눈을 마주
      보고 이야기하는 것을 불편해 함.

선호 용어

정보수집	논리적	관찰력	통찰력	지식욕구
몰입	집중력	조용한	개인적	지혜
명석	침착	깊이	진리	분석적

6유형 : 옷차림이 그다지 세련되지 못하며 자신을 꾸미고 관리하는 것이 서툴다.
      전체적으로 부드럽고 선한 이미지.

선호용어

신중	세심	신용	안전	야심
헌신	책임	전통	충실	구체적
확인	절제	계획	의심	믿음

7유형 : 약간 들뜬 모습을 자주 보이고 위트와 언변이 탁월하며 입꼬리와 눈꼬리
　　　　에 웃음을 머금은 듯하며, 장난기가 있어 보이는 인상을 줌.

선호용어

호기심	즐거움	재미	흥미	자유
낙천	활력	열정	창의	사교
모험	쾌활	유머감각	충동적	다재다능

8유형 : 다른 유형에 비해 상체가 발달되어있으며 특히 어깨와 흉부가 거대하고
　　　　눈빛이 항상 강렬하여 상대에게 위압감을 줌,

선호용어

에너지	열정	힘	정의	성과
결단	추진	주도	목표	빨리
능력	카리스마	성취	소유	통제

9유형 : 부드러운 인상과 둥근 체형으로 특히 하체가 유난히 발달되어 있으며,
　　　　행동이 유난히 여유로워 보임.

선호용어

여유	편안	안정	휴식	풍요
천천히	평화	침착	만족	친절
인내	태평	온건	부드러운	수동적

3단계 : 그 개인에 어린 시절의 라이프 스토리를 통해 그 상황이 본인이 정말 원

하고 즐겁고 편안하며 의미를 찾을 수 있었는지의 내용을 토대로 보다 정확한 유형을 확인할 수 있다.

- 유형의 특성을 이해하고 코칭에 활용하는 것은 코치 스스로의 자기이해는 물론 코칭고객의 유형 확인을 통해 서로 다른 가치관과 의사소통 방식, 문제해결방식 등을 이해할 수 있게 된다.
- 유형별 특성을 통해 선호단어 등을 활용하여 코칭 관계의 래포형성에 유익을 줄 수 있다.
- 코칭고객에 대한 이해 및 수용과 장점 단어를 활용한 동기부여를 통해 보다 효과적인 커뮤니케이션 방법을 찾을 수 있다.
- 코칭고객의 유형 확인을 통해 상호이해와 관계증진에 유익한 정보를 공유하게 된다.
- 코치로서 코칭고객의 행동을 전반적으로 인식하고 이해하는데 도움을 준다.
- 코칭고객의 유형별 특성인 장점과 개발할 점을 코칭의 주제로 활용하여 고객의 성장과 발전을 위한 보완과 개발 방법을 찾아가는데 효율적으로 적용할 수 있다.
- 각각의 유형은 조화로운 세상을 이루는 일부로서 그 가치를 지닌다는 것을 아는 것은 코치는 물론 코칭고객에게 있어서도 충분히 그 의미가 있다.

• 유형 확인을 통한 활용

◆ 간편 검사를 통한 각각의 수치를 비행 도형에 정리하여 자신의 현재 상태를 발견할 수 있다.

◆ 도형의 구체적 수치와 의미를 전체적으로 바라본다는 것은 자신의 개발 과제와 해결의 과제들을 한 그림 안에서 바라봄과 동시에 코칭고객에 대한 정보 습득의 역할을 한다.

◆ 작업한 내용의 공유를 통해 서로의 다른 모습과 같은 모습을 확인해 볼 수 있다.

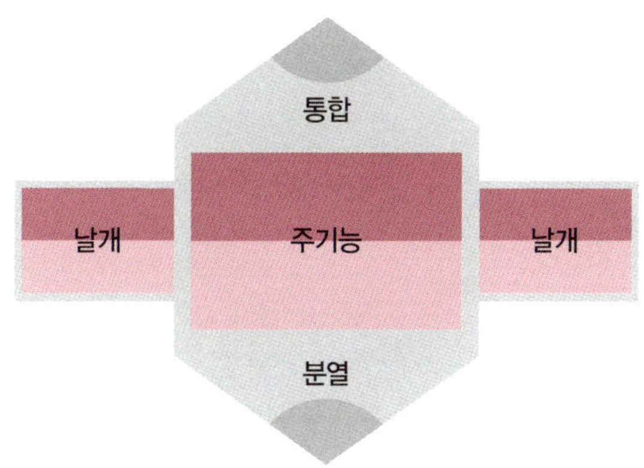

실습

- 유형 점검

다음 질문을 활용하여 스스로에게 답을 해보거나 팀을 활용하면 효과적이다.

Q. 확인을 통해 느낀 것은?

Q. 느낌을 통해 깨달은 것은?

Q. 깨달음을 통해 시도해 보고 싶은 것은?

Q. 그 대상은?

Q. 그 첫 행동은?

유형 코칭질문

1. 유형별 선호 용어활용 질문

1유형

- 당신이 만족하는 사람들의 모습은 어떤 모습입니까?
- 어떤 일을 해보고 싶은가요?
- 무엇이 변화되어지기를 원하나요?
- 무엇을 하면 신나고 기쁘고 뿌듯할까요?
- 당신의 어떤 면을 더 완벽하게 하고 싶으신가요?
- 당신이 바로 서길 바라는 부분은 무엇인가요?
- 당신이 꼭 지켜야 한다고 생각하는 것은 무엇인가요?
- 당신에게 있어 기본은 무엇인가요?

2유형

- 당신은 주변에 어떤 도움을 주고 싶은가요?
- 당신에게 가장 필요한 것은 무엇인가요?
- 다른 사람은 당신을 무어라고 하나요?
- 당신에게는 어떤 시간이 가장 의미가 있나요?
- 누구와 함께하길 원하나요?

- 당신이 가장 보람된 시간은 언제인가요?
- 다른 사람이 당신을 어떤 사람으로 말해 주기를 원하나요?
- 당신에게 가장 도움이 되는 일은 무엇인가요?

3유형

- 당신에게 가장 중요한 일은 무엇인가요?
- 그 일을 가장 효율적으로 하려면 어떤 방법이 있나요?
- 당신이 하는 일의 목적은 무엇인가요?
- 당신이 성공하려면 어떤 방법이 있나요?
- 당신은 특별히 어떤 성과를 얻고 싶으신가요?
- 이 시간을 가치 있게 하려면 어떤 대화를 나눌 수 있나요?
- 지금 당신에게 가장 중요한 것은 무엇인가요?
- 당신의 목표는 무엇인가요?

4유형

- 당신이 정말 원하는 것은 무엇인가요?
- 당신의 삶에서 가장 특별했던 때는 언제인가요?
- 지금의 현실을 어떻게 변화시키고 싶으신가요?
- 당신을 가장 행복하게 하는 것은 무엇인가요?
- 당신이 가장 당신답다고 느낄 때는 언제인가요?
- 무엇이 당신을 특별하게 만들 수 있나요?
- 특별히 잘되고 있는 일이 있다면 무엇인가요?
- 당신을 가장 흥미롭게 하는 것은 무엇인가요?

5유형

- 당신이 집중하고 있는 것은 무엇인가요?
- 당신이 가장 현명하다고 느낀 때는 언제인가요?
- 지금 당신에게 필요한 정보는 무엇인가요?

- 당신이 더 넓히고 싶은 지적영역 분야는 무엇인가요?
- 당신이 아는 것은 스스로의 삶에 어떤 유익이 있나요?
- 오늘 나누고 싶은 주제는 무엇인가요?
- 언제 가장 당신답다고 생각하시나요?
- 최근 관심을 두고 집중하고 있는 정보는 무엇인가요?

6유형

- 주변에 가장 신뢰할 수 있는 사람의 모습은 어떤 모습인가요?
- 당신이 가장 안전하다고 느낄 수 있는 환경에는 무엇이 있나요?
- 당신이 가장 지키고 싶은 것은 무엇인가요?
- 어떤 때 자신이 보호받고 있다고 느끼시나요?
- 구체적으로 어떤 일을 선호하시나요?
- 당신이 가장 먼저 마무리해야 할 것은 무엇인가요?
- 당신이 최근 꼭 지키고 싶은 약속에는 어떤 것들이 있나요?
- 주변에 당신이 가장 믿는 사람의 특징은 무엇입니까?

7유형

- 어떤 사람과 함께할 때 가장 재미가 있으신가요?
- 최근 당신을 가장 흥미롭게 하는 것은 무엇인가요??
- 최근 가장 재미있었던 일은 무엇인가요?
- 당신이 신나게 즐길 수 있는 것에는 무엇이 있나요?
- 더 재미있게 하고 싶은 일은 무엇인가요?
- 새롭게 해보고 싶은 일이 있다면 무엇인가요?
- 당신을 가장 흥미롭게 하는 것은 어떤 것 인가요?
- 당신의 보다 더 즐거운 삶을 위해 해보고 싶은 것은 무엇인가요?

8유형

- 당신이 영향력을 끼치고 싶은 일은 무엇인가요?

- 당신의 대표적 성공경험은 무엇인가요?
- 당신이 도전하고 싶은 일은 무엇인가요?
- 당신이 더 빨리 더 멋지게 할 수 있는 일에는 무엇이 있나요?
- 당신의 가장 큰 야망은 무엇인가요?
- 당신에게 힘이 되는 것은 무엇인가요?
- 당신이 특별히 더 잘하고 싶은 일은 무엇인가요?
- 당신은 어떤 리더가 되고 싶은가요?

9유형

- 당신이 최근 가장 여유를 가지고 하는 일은 무엇인가요?
- 당신은 무엇을 하고 있을 때 가장 편안함을 느끼나요?
- 만족한 상태의 당신은 어떤 것을 생각하나요?
- 당신에게 힘이 되는 사람은 누구인가요?
- 당신의 삶의 안정을 위해 더 필요한 것을 찾는다면 무엇이 있나요?
- 당신이 가장 좋아하는 음식은 무엇인가요?
- 당신 스스로 더 받아들이고 싶은 당신의 모습은 무엇인가요?
- 당신이 가장 여유롭다고 느낄 때는 언제인가요?

유형 질문의 역할

◆ 유형의 선호용어는 관계형성과 인정, 칭찬, 동기부여를 하고자 할 때 적용하면 효과적이다.

◆ 유형의 비 선호 용어는 고객의 잠재력을 개발하고 탁월성을 찾도록 새로운 사고를 열고자
할 때 적용하면 효과적이다.

각 유형 활용을 위한 Tip

- 코칭고객과의 관계형성을 위해 유형 keyword를 활용
- 목표발견을 위해 통합 keyword를 활용
- 고객의 잠재력 개발을 위해 반대 keyword를 활용

- 실행과 책임 강화를 돕는 동기 부여를 위해 유형 장점 keyword를 활용

- 전체과정의 자연스러움을 위해 중립keyword를 활용

 실습

- 상대의 유형을 알고 유형에 맞는 질문을 활용해 코칭을 실습

역할을 나누는 것이 효과적	
역 할	코칭고객 : 코 치 :

소감을 정리

2. 각 유형 성장을 위한 코칭

"이것을 이루기 위해" 코칭실전

더	더해야 할 것은?
덜	덜해야 할 것은?
끝	끝내야 할 것은?
새	새롭게 해야 할 것은?

유형 검사를 통해 알게 된 자신의 유형 칸에 스스로 작성해보고 부록의 간단 검사를 주변인들과 나누어보는 것도 유형을 이해하는데 한층 효과적이며, 무엇보다 나와 다르다고 생각하는 누군가를 이해하는 데 있어 그 가치가 더해질 것이다.

1유형

스스로 여유로움을 만들어 갈수 있도록 하는 것이다.

그러기 위해

더 해야 할 것은	
덜 해야 할 것은	
끝내야 할 것은	
새롭게 할 것은	

2유형

자신의 욕구를 인정하고 타인에게서 독립하는 것이다.

그러기 위해

더 해야 할 것은	
덜 해야 할 것은	

끝내야 할 것은	
새롭게 할 것은	

3유형

자신과 타인에게 솔직한 것이다.

그러기 위해

더 해야 할 것은	
덜 해야 할 것은	
끝내야 할 것은	
새롭게 할 것은	

4유형

현실적이고 보편적인 타당성을 갖추는 것이다.

그러기 위해

더 해야 할 것은	
덜 해야 할 것은	
끝내야 할 것은	
새롭게 할 것은	

5유형

조금 더 민감한 감수성을 만드는 것이다.

그러기 위해 코칭실전

더 해야 할 것은	
덜 해야 할 것은	
끝내야 할 것은	
새롭게 할 것은	

6유형

모험과 용기를 만들어가는 것이다.

그러기 위해

더 해야 할 것은	
덜 해야 할 것은	
끝내야 할 것은	
새롭게 할 것은	

7유형

자기 성찰과 정돈 일을 마무리하는 책임을 키우는 것이다.

그러기 위해

더 해야 할 것은	
덜 해야 할 것은	
끝내야 할 것은	
새롭게 할 것은	

8유형

배려와 존중 그리고 겸손을 행하는 것이다.

그러기 위해

더 해야 할 것은	
덜 해야 할 것은	
끝내야 할 것은	
새롭게 할 것은	

9유형

목표를 세워 구체화하고 꾸준히 실행해 나가는 것이다.

그러기 위해

더 해야 할 것은	
덜 해야 할 것은	
끝내야 할 것은	
새롭게 할 것은	

◆ 각각의 유형 특성을 통하여 코칭을 한다는 것은 코칭고객에 대한 지도를 가지고 찾아가게 할 것이다.

◆ 코칭은 인간 스스로 답을 찾아갈 수 있다는 믿음을 전제한다.

따라서 코치는 자신을 충분히 열고 고객이 자신의 의식과 무의식을 통해 더 많은 잠재능력을 찾아가도록 함께하는 것임을 잊지 말아야 할 것이다.

· 아는 것만큼 보고 보는 것만큼 안다고 우긴다.

예 남들도 다 그러더라! / TV에서도 나오더라!

· 안보고도 본 것처럼 말한다.

예 내가 다 알고 있어 말 해봐! / 그렇지 그치!

· 알고도 모른 척 한다.

예 서만큼 힘들지 않은 사람 어디 있어! / 난 그런 거 모르니 나한테 말하지 마!

· 승리의 의미를 힘이라고 믿는다.

예 한 번 붙어봐! / 내 말 한 마디면 끝이야!

· 겸손은 약한 자의 행위로 안다.

예 저 사람한테 네가 왜 사과를 해! / 뭘 그렇게 깍듯하게 굴어!

· 배려를 아까워한다.

예 머리 검은 짐승은 보살피는 게 아니야! / 불우이웃이 나다 나나도와라!

· 칭찬을 아첨으로 안다.

예 뭐야 왜 그렇게 살랑거려! / 뭐 찔리는 것이 있나봐?

· 용기를 나댄다고 안다.

예 싸우는데 왜 끼어들어 그냥가지 / 다른 사람이 신고하겠지 오지랖은! 등

이외에도 사실과 다르게 범하고 있는 오류의 예를 생각해보고 진의를 찾아보기

를 권한다. 이런 언행에도 유형의 특성이 작용하고 있다.

실습

- 스스로의 유형의 계발할 점을 정리하고 자신과 다른 유형의 계발할 점도 나누고
  정리

- 유형별 선호용어를 이용하여 질문을 만들어 본다.
- 선호용어의 사용은 신뢰와 관계형성을 원활하게 한다.
- 머리형, 가슴형, 장형으로 나누어 질문을 만든다.
- 유형별 선호용어를 만들어 자신 이외의 유형 질문을 만든다.
- 다른 유형별 선호용어를 활용해 코칭 실습을 한다.
- 피드백을 한 후 유형별 질문 중 좋았던 점, 개발할 점을 적는다.

개인과 그룹으로 나누어 진행할 수 있다.	
역 할	고　객 : 질 문 자 :

- 각자 유형 질문 만들기
- 머리형, 가슴형, 장형으로 질문 나누기
- 각각의 다른 유형 질문을 활용하여 코칭 실습

- 에니어그램의 성격 유형 찾기를 통해 좋았던 것은?

- 에니어그램의 장형, 머리형, 가슴형의 구분에서 새롭게 정리된 생각은?

- 에니어그램의 각 유형별 선호용어를 알고 시도해 보고 싶은 것은?

누구나 쉽게 하는 COACHING

학습목표

◆ 경청의 각 단계를 구별할 수 있다.

◆ 상대중심적 경청을 적용할 수 있다.

◆ 질문의 기법을 이해할 수 있다.

◆ 적절한 피드백을 할 수 있다.

코칭의 기법
4
MODULE

일상 대화중에 경청을 잘하는 사람을 본 적이 있는가?

경청을 잘 하는 사람의 특징은?

내가 알고 있는 질문법은?

경청

◆ 자신이 생각하는 경청의 의미는 무엇이라고 생각하는가?

· 경청기법이란?

◆ 코칭에서 반드시 다루어야 할 내용으로 코칭 기법과 의식이 있다. 코칭기법 가운데 가장 중요한 두 가지 기법 중 하나가 경청이다.

◆ 코칭에서의 경청은 상대의 마음을 움직이고 의식을 확장시키는 능력을 발휘하는 것까지도 포함한다.

◆ 코치는 주의 깊은 경청을 통해 상대의 마음을 움직이고 의식을 확장시킴으로써 고객이 문제를 스스로 해결할 수 있도록 도와야한다. 탁월한 경청자는 사람들의 표면적인 욕구와 내면적인 의도를 면밀하게 관찰하고 인식해서, 직관적으로 그들의 진짜 의도를 분별해내는

능력이 있어야 한다.

◆ 탁월한 경청은 고객이 자신의 필요와 욕구들 그리고 문제를 스스로 해결하도록 적절하면서 강력한 질문을 가능하게 해주게 된다. 즉 듣는 만큼 질문할 수 있다는 것이다.

◆ 대부분 경청이 어려운 이유는 사람들은 1초에 4천억 비트의 정보를 접하게 되며 그 중 2천 비트의 정보밖에 인식하지 못하기 때문이라고 한다.

◆ 언어는 개개인의 주관적인 모습으로 받아들여지며, 언어 자체가 추상화 과정을 거쳐 생겨나는 것으로 즉, 이것은 말하는 사람과 듣는 사람 모두 메시지를 다르게 해석할 수 있다는 것이다.

◆ 우리는 오감으로 경험한 외부 세상을 왜곡, 생략 또는 일반화시켜 머릿속에 지도를 그려 넣는 경향이 있어 사람마다 내적 지도가 모두 다르다. 대부분의 사람들은 보고 싶은 것만 보고, 듣고 싶은 것만 들으려 하며 이 경향을 뇌 과학적으로 보면 시냅시스라는 구조 때문으로 해석될 수 있다.

1. 3단계 경청

• 1단계 : 자기중심적 경청

◆ 자신의 관점에서 판단하고 자신의 의도대로 받아들이고 듣는 것을 말한다.

◆ 우리도 모르게 취하는 경청 자세

첫째, 좋게 보이려고 적당히 행동하며
둘째, 집중하지 않고 딴짓하며 듣고
셋째, 상대의 말을 자기식으로 해석해 영향을 주려고 하며
넷째, 자신의 옳음을 증명하기 위해 반격을 가할 허점을 찾거나
다섯째, 특정 정보를 찾기 위해 다른 것을 무시하는 행동을 취하기도 하고

여섯째, 자신의 다음 말을 준비하며

일곱째, 입을 다물고 가만히 있기도 한다.

◆ 상대가 이런 상태로 이야기를 듣는다면 대화를 나눌 마음도 의욕도 떨어져 대화를 나누고
   싶지 않게 된다.

◆ 사람은 외부의 경험을 받아들일 때 자신의 경험을 통해 받아들인다.

☑ 일반적 경청

의식적 뇌와 무의식적 뇌의 비교

내 용	의식적인 뇌	무의식적인 뇌
뇌의 용량	17%	83%
임펄스 속도	120~140mph	10만mph 이상
초당 비트 수	2000억	4000억
인식 및 행동 통제	2~4%	96~98%
기능	의지에 의한 작동	비자주적인 작동
시간	과거와 미래	현재
기억의 범위	20초까지	영원히

사람의 무의식적인 뇌는 그 사람이 가지고 있는 모든 습관, 육체적인 습관과 정신적인 습관을 모두 저장하고 있는 창고이며 사람 몸의 기본적인 운영 체계를 관장할 뿐만 아니라 프로그램이 가능한 모든 소프트웨어까지도 관장한다.

☑ 일반적 경청의 특징

동일한 대상을 놓고 동일한 내용을 반복해서 생각한다면, 이것은, 결국 생각의 습관이 되고 만다. 생각의 습관이 오래 지속되고 반복되면 태도나 믿음이 된다. 이것을 우리는 신념이라고 말하고 있다.

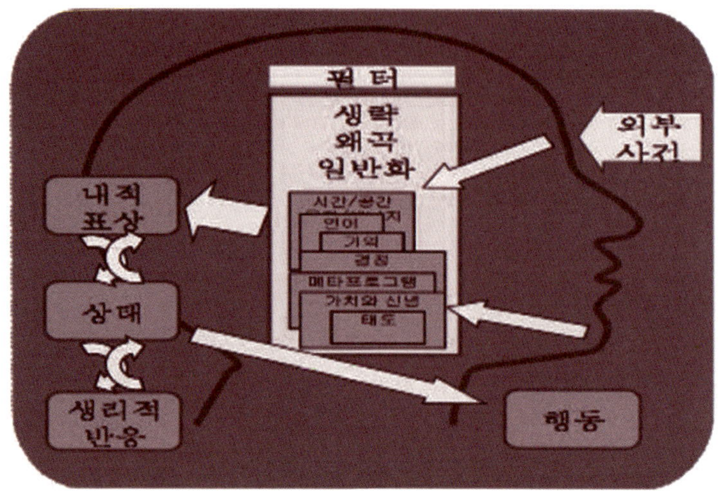

◆ 생략 : 보고 싶은 것만 보고 듣고 싶은 것만 들으며 나머지는 간과한다. (그것도 몰라. 거기 가 그거래. 그래서 그런데)

◆ 왜곡 : 보고 싶은 대로 보고, 듣고 싶은 대로 들으며, 느끼고 싶은 대로 느낀다. (사람들이 나만 봐. 눈이 작은 것이 속이 좁겠어)

◆ 일반화 : 상대의 개인적 입장에서 보기보다 사회 전반적 현상이나 상황으로 해석한다. (어 른들은 우리를 잘 몰라. 애들은 다 그래)

인간은 과거의 경험으로 생긴 고정 관념으로 대상을 받아들이게 된다. UCLA의 사회심리학자 앨버트 메러비언의 연구에 따르면 여러 내용이 뒤섞인 혼란스러운 메 시지를 전달했을 경우 아래와 같은 연구 결과가 나왔다는 것이다. 다시 말해 상대 가 하는 말이 그 사람의 말투나 얼굴표정 혹은 몸짓과 일치하지 않을 때 어느 것 을 믿어야 하는가의 내용이다.

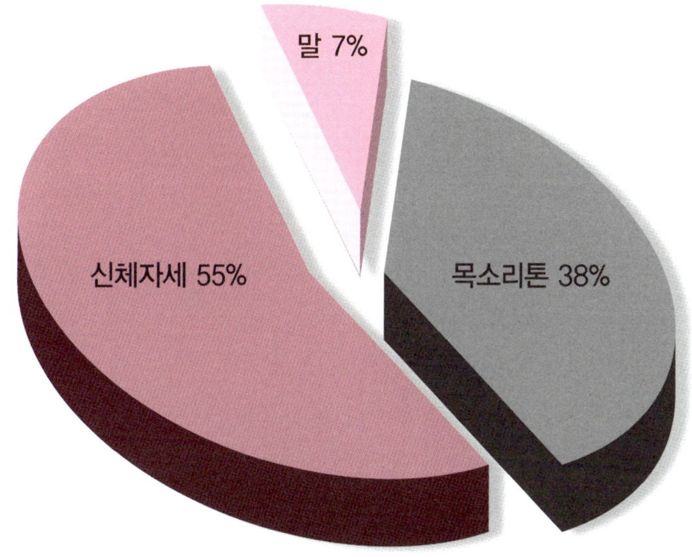

앨버트 메러비언의 커뮤니케이션 모형도

엘버트 메러비안의 연구에 따르면 커뮤니케이션에서 언어가 미치는 영향 : 7%
감정, 욕구, 제스처, 뉘앙스, 의도 등이 미치는 영향 : 93%

따라서 고객을 온전히 경청하고 파악하려는 노력이 필요하며 표현된 말보다 비언어적인 메시지에 귀를 기울이는 노력이 필요하다.

말의 내용보다는 목소리의 강약과 떨림, 시선. 제스처. 억양. 표정. 자세 등에 더 많은 내면적 정보가 실리기 때문에 상대의 말을 이해하고 경청하기 위해서는 이러한 비언어적 메시지에 귀를 기울일 줄 알아야 한다.

사람들에게 호감을 갖게 하고 자신의 진의를 분명히 전달하기 위해서는 다른 사람의 말을 보다 열심히 듣는 것이다. 즉 듣는 만큼 말할 수 있다.

· 일상생활에서 현재 자신이 보이고 있는 자신의 커뮤니케이션의 모습을 그려
  본다.

나의 커뮤니케이션 모형도

◆ 나의 커뮤니케이션 모형도를 보고 어떠한 부분을 더 개발하고 확장하고 싶은지 모형도를
  정리해 본다.

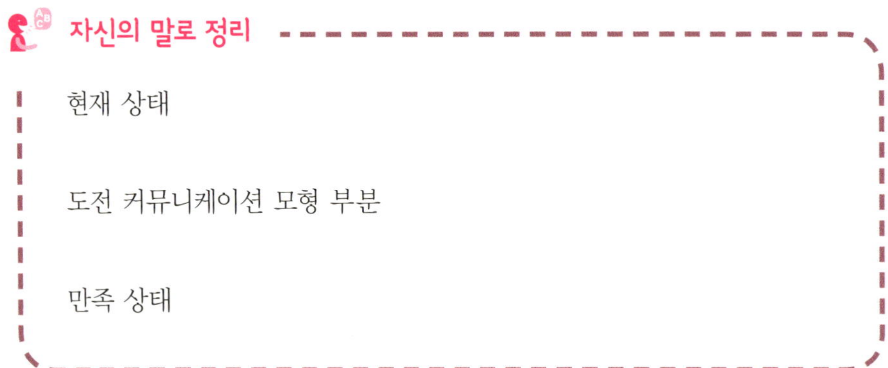

☑ 효과

◆ 코칭을 통해 얻게 되는 가장 두드러진 변화는 자신감이다. 코칭을 통해 자신감이 향상되는
  이유는 경청 능력이 향상되기 때문이다. 경청 능력의 향상이 곧 커뮤니케이션의 능력에 영
  향을 미치기 때문이다.

◆ 경청 능력이 향상되면, 직관력 역시 예리해지므로 순간적인 판단력이나 문제해결 능력도

매우 좋아지게 된다.

◆ 코칭을 잘하는 사람은 탁월한 경청 능력을 가지고 있으며 이것은 리더십에 있어서도 중요
한 요소로 작용한다.

실습

- 자기중심적 경청 실습

서로의 주제를 선정하여, 자유 형식으로 대화를 나누는 것이다.

역할을 나누는 것이 효과적	
역 할	코칭고객 역할 : 자유 주제로 자신의 Life Story를 이야기한다. 코치 역할 : 들은 내용에 대해 자신의 판단과 의견을 이야기한다.

자신의 소감을 적어보고 나누기

• 2단계: 상대 중심적 경청

◆ 상대에게 집중하여 상대의 어조, 속도, 태도 등에 맞추며 반응하고 상호교감하면서 경청하
는 것이며, 상대에 대한 배려와 집중력을 필요로 한다.

☑ 상대 중심적 경청을 위해

◆ 아이콘택트(Eye contact) : 상대가 이야기하는 동안 상대의 얼굴과 눈을 바라보며 집중한다.

◆ 미러링(Mirroring) : 상대방과 같은 자세와 태도, 동작에 맞추어 공감. 동작을 따라 한

다.(Matching Behavior)

◆ 페이싱(Pacing) : 호흡이나 동작, 음조를 맞춤. 음색, 톤을 따라한다. (Matching Thinking)

◆ 백트래킹(Backtracking) : 상대의 말을 요약, 반복함으로 적절히 반응하는 것으로 상대의 말을 따라한다. (Matching Words)

◆ 이야기 사이사이 잘 듣고 있다는 신호를 보내주는 것은 안정감 있는 상태에서 상대방과 좀 더 깊은 이야기로 들어갈 수 있게 해준다.

실습

일상에 적용해 보는 것이 효과적	
실습내용	• 아이콘택트(Eye contact) • 미러링(Mirroring) • 페이싱(Pacing) • 백트래킹(Backtracking)
의도적으로 따라 해 본다.	

위의 자기중심적 경청과 같이 자유 형식으로 이야기를 나누지만 상대의 입장을 배려, 이해하려고 노력하며 언어적, 비언어적 반응에도 주의를 기울여 듣는다.

• **2단계 경청을 활용한 대화**

☑ 대화에는 3군을 대동

1군 : 그러시군요!

2군 : 그러셨군요!

3군 : ~하시군요!

실습

- 3군 대동 대화 실습

역할을 나누는 것이 효과적	
역할	A와 B로 역할을 나눈다. A: 최근 자신의 상황에 대해 이야기한다. B:이야기를 들으며 상대에게 3군용어로 화답을 해 본다

☑ 경험을 자신의 말로 정리해 본다.

A:

B:

실습

- 상대 중심적 경청실습

역할을 나누는 것이 효과적	
역할	코칭고객 : 자신의 Life Story를 이야기 한다. 코치 : 상대가 표현하는 언어, 비언어에 집중하여 이해하고 배려하려 　　　고 노력하며 이야기를 듣는다. 3군 대동언어와 함께 상대 중심적 경청을 위한 방법 등 지금까지의 과정을 활용한다.

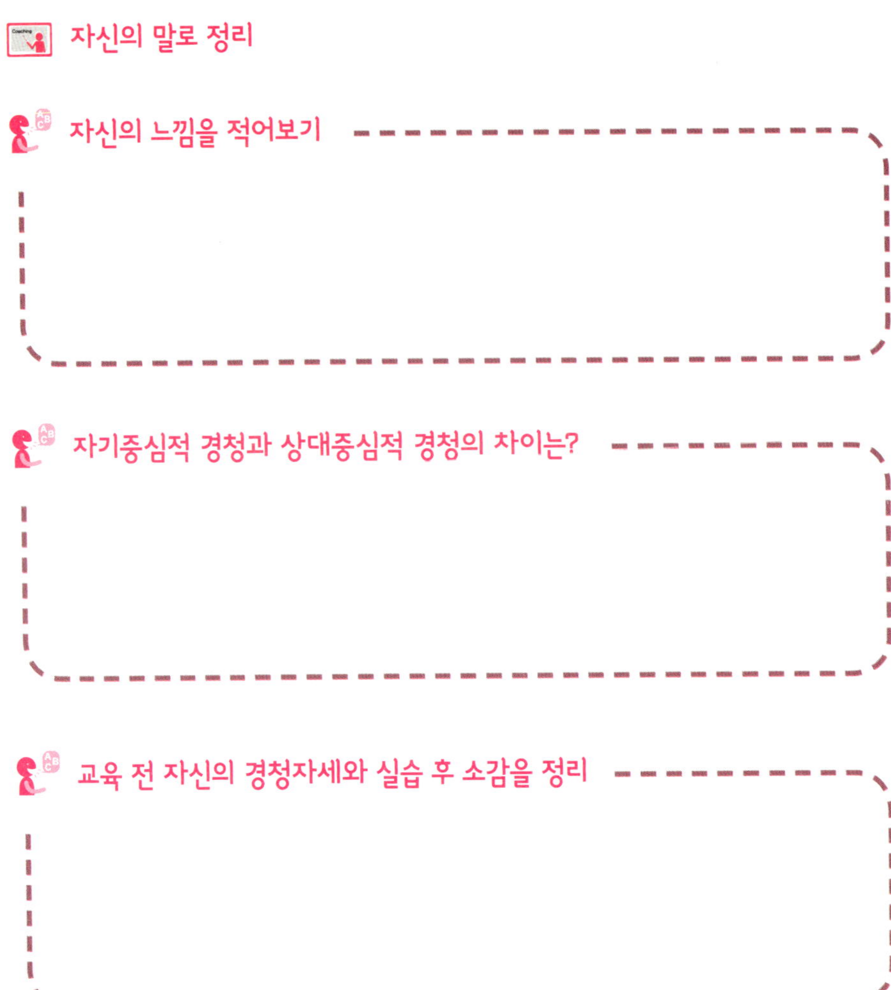

자신의 말로 정리

자신의 느낌을 적어보기

자기중심적 경청과 상대중심적 경청의 차이는?

교육 전 자신의 경청자세와 실습 후 소감을 정리

- **3단계 : 공감적 경청**

대화 중 직관적으로 상대의 진짜 감정과 의도를 듣는 것이다. 직관력과 통찰력을 사용하여 상대의 장점이나 탁월함까지도 경청해야 한다. 2단계의 상대중심적 경청이 들리는 소리와 눈에 보이는 상태에 집중하여 그것을 반영하는 것이라면 3단계 공감적 경청은 들리지도 보이지도 않는 상대의 의식과 무의식 수준까지도 경청하는 고도의 경청 기법이라 할 수 있다.

◆ 일체의 선입견이나 개인적 상념을 배제하고 온전히 코칭 시간에 집중하여 고객에게 몰입하여 경청한다.

◆ 상대방의 경험, 정서 상태, 생각 등을 상대방의 관점과 입장에서 이해하고 느끼는 감정을 공감하는 상태이다.

◆ 공감은 코칭고객의 생각, 가치관, 현재의 환경 상태 등에서 느끼는 감정을 코치가 코칭고객의 입장에서 느끼고 지각하여 그것을 코칭고객에게 반영해 주는 행위이다.

◆ 공감을 하는 것은 코칭고객의 의식과 무의식의 세계에 들어가 코칭고객의 경험을 코치 자신의 세계인 것처럼 경험하는 것이다.

◆ 공감적 이해는 코칭고객이 느끼는 감정에 코치가 객관적 입장을 견지하여 반영해 주는 것이다.

따라서 공감은 코칭고객의 생각과 가치관이 처한 상황에서 느꼈던 감정을 상대 입장에 서서 이해하고 그것을 반영해 주는 행위다.

- **공감의 효과**

◆ 코칭고객이 느끼는 감정에 반응해 주는 것 자체만으로도 공감대가 형성되며, 코칭고객의 마음을 헤아려 주고 공감해 주게 되면 위안을 느끼게 된다.

◆ 코칭고객의 인지적인 내용에 공감해 주면 코칭고객은 자기감정의 정당성을 깨닫고 불안과

두려움을 직면할 수 있다.

◆ 공감은 코칭고객에 대한 코치의 온정과 배려의 마음을 전달하는 최고의 방법으로 공감을 통하여 상호간의 신뢰감이 형성된다.

◆ 코칭고객이 안고 있는 해결과제가 현실적으로 도저히 해결책을 찾을 수 없는 경우에도 코치가 코칭고객의 마음을 이해해 주고 그의 이야기에 경청해 준다는 것 자체만으로도 위안과 힘이 된다.

2. 경청 확장

첫째, 상대의 감정 상태를 직감적으로 느껴야 한다.
둘째, 상대의 진짜 의도를 파악해야 한다.
셋째, 상대의 장점과 탁월성을 분별해 낼 수 있어야 한다.
넷째, 상대의 비언어를 경청해야 한다.
다섯째, 상대의 불일치, 패턴, 기회, 암시를 식별해내야 한다.

직관적 경청을 하면 평소에 그냥 지나치기 쉬운 상황도 즉각적으로 반응하여 코칭고객의 내면으로 더 깊이 들어갈 수 있게 된다.
직관력은 오랜 시간에 걸쳐 집중적 훈련을 받을 때 개발되고 더욱 숙련되게 된다.

• 三聽(삼청)기법

事聽 (actualities), 感聽(Feel)), 眞聽(truth)으로 나누며, 사람들이 이야기 하지 않을 때조차도 그들이 말하고자 하는 사실과 감정 및 진실을 직관적으로 알아차리는 것이다.

☑ 事聽-사청(Actualities)이란?
◆ 판단하지 않고 있는 그대로의 사실만을 듣는 것이다.

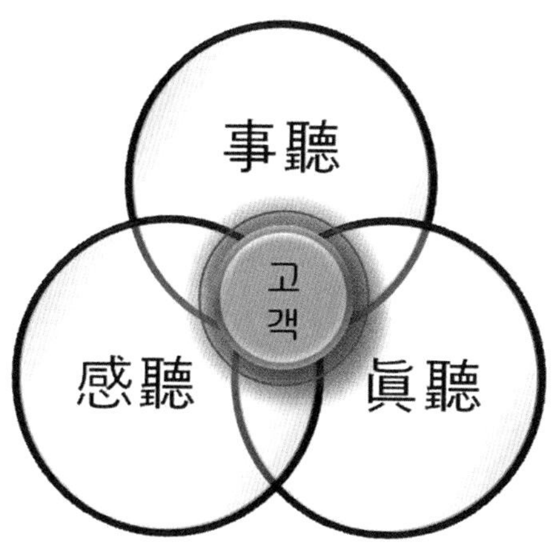

상대방의 말 중에서 사실이 무엇인지를 정확하게 파악하려는 노력이 필요하며, 탁월한 코치는 상황이나 사실에 집중하여 경청하고 판단 없이 사실만 요약한다. 사실을 잘 인식하고 사실만을 전달하는 능력은 잘못된 커뮤니케이션에서 발생할 수 있는 잘못된 판단과 수많은 오류를 예방해 줄 수 있다.

☑ 感聽-감청(Feel)이란?

◆ 상대의 이야기를 들으며 상대가 어떤 감정 상태에 있는지를 감지하며 듣는 것이다.

이것은 상대방의 감정 상태를 감지하고 공감하며 그 느낌을 상대에게 반영해 주는 것까지도 포함한다. 공감이란 상대의 감정을 민감하게 느낄 때만 가능하다.

☑ 眞聽-진청(truth)이란?

◆ 진청이란 진정으로 원하는 것과 바라는 것이 무엇인지 파악하며 듣는 것이다. 즉 현재 상대방이 무엇을 진실로 원하고 바라는 것이 무엇인지를 듣고 피드백을 해 주는 것으로 코치는 상대가 말하지 않더라도 진실로 원하는 것을 정확히 파악하려는 노력을 해야 한다.

상대의 진의를 파악하지 못한다면 상대가 원하는 중요한 목표를 이루는데 도움을 주지 못하기 때문이다. 사람들은 흔히 다른 말이나 표현, 행동 등으로 자신의 의도를 간접적으로 나타내기도 하기 때문이다. 다른 사람의 이야기나 행동을 통해 내면의 숨은 의도를 파악하기 위해서는 많은 경험과 훈련을 통해 직관력을 키우는 것이 필요하다.

깊은 경청을 통해 상대방의 진의를 알아낼 수 있다면, 코치는 코칭고객의 의도를 이룰 수 있는 다양한 대안을 함께 찾을 수 있게 된다.

• 일반적 경청 자세

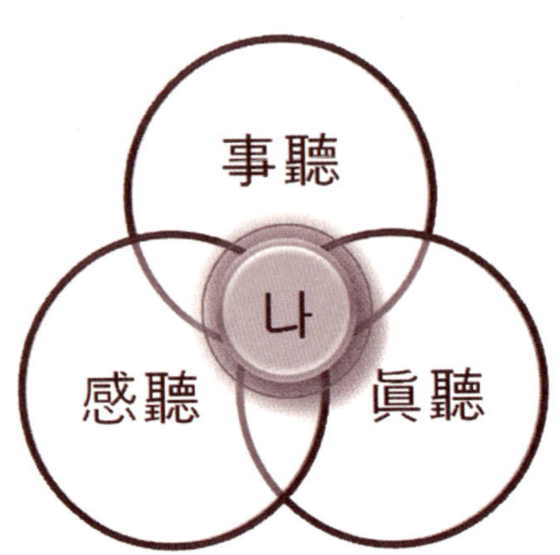

내 경험: 자신의 경험에 준거하여 상대를 경청한다.
내 감정: 자신의 감정 상태에 따라 해석하고 받아들인다.
내 진의: 자신이 원하는 방향으로 유도하기 위한 방편으로 경청한다.

실습
• 우리가 범하는 경청의 오류를 찾아본다.

	사실	판단
1. 아빠는 매일 화만 내신다.		
2. 우리아이는 하루 종일 게임을 한다.		

3. 사람들은 TV 앞에 모여들었다.		
4. 오늘은 거울을 2번 보았다.		
5. 백화점에 발 디딜 틈이 없다.		
6. 내 짝은 늘 지각을 한다.		

• 三聽을 위한 언어적 비언어적 단서의 분별

☑ 지각 양식에 따른 감각 언어

시각적 언어

앞이 캄캄하다	멋있다	상상하다
눈부시다	보기 싫다	그려 본다
암담하다	눈에 불이 난다	보이는 것이 없다

청각적 언어

듣다	화음이 잘 맞는다	귓가에 맴돈다
시끄럽다	조용하다	불협화음이다
귀가 따갑다	귀가 멍멍하다	귀청이 떨어진다.

촉각적 언어

예리하다.	섬뜩하다	소름끼친다.
짜릿하다.	느끼다	오글거리다
감지하다	손에 쥐다	감촉이다.

미각적 언어

사람이 짜다	감미롭다	씁쓸하다
싱겁다	칼칼하다	쓰디쓴
달콤하다.	맛있다	죽을 맛

후각적 언어

코를 찌른다	향긋하다	역겹다
~한 냄새를 맡다	향기롭다	향취

• 언어적 비언어적 단서

◆ 코치가 고객의 감정을 알아차리기 위해서는 코칭고객의 언어적 비언어적 단서를 읽을 수 있어야 한다. 이러한 단서는 코칭고객이 코치라는 거울을 통해 자신을 볼 수 있도록 함은 물론 코치가 코칭고객의 진의를 아는데 많은 영향을 미친다.

◆ 비언어적인 정보는 머리나 안면의 움직임, 몸의 위치, 움직임, 제스처와 같은 단서를 통해 코칭고객의 메시지를 읽는 것이다. 이러한 비언어적인 단서는 코칭과정 전반에 코치의 몰입 정도에 의해 더 많은 정보를 얻을 수 있다. 경우에 따라 비언어적인 단서는 언어적인 단서 이상으로 고객의 진의에 더 깊이 접근할 수 있다.

◆ 비언어적인 단서와 언어적 단서의 불일치를 확인하는 것은("당신은 편안함을 이야기하면서 매우 긴장되어 보이는군요.") 코칭고객의 불일치를 직접적으로도 다룰 수 있다.

☑ 비언어적인 단서

제스처, 억양, 음색, 톤, 표정, 호흡 등 눈으로 확인할 수 있는 외적 단서

☑ 언어적 단서

매우 다른 종류의 감정이 있기는 하지만 언어나 정서로 확인할 수 있는 대부분의 감정은 네 가지의 정신 상태에 해당된다. 긍정적이거나 지지적인 감정, 공격적

인/방어적인 감정, 두려움/불안한 감정, 그리고 영적/실존적 감정. 이런 감정의 대부분은 구체적인 정서단어의 사용으로 확인할 수 있다. 부가적으로 주요 감정범주에서 각각의 감정을 하위범주화할 수 있다. 감정을 나타내는 단어나 기분을 사용하는데, 단어가 상당히 강렬한 감정이나 심지어 상이한 감정을 감추기도 한다는 것을 기억하는 것이 중요하다.

긍정상태의 언어단서

허용하는	행복한	즐거운	사랑하는 / 사랑 받는	믿음
할 수 있는	더 없이 행복한	아름다운	숭배하는	보증하는
인정하는	쾌활한	기쁜	인정하는	믿다
위임된	창조적인	즐거운	귀여운	확신하다
유능한	기뻐하는	좋은	보호하는	굳게 믿는
확신하는	고양된	행복한	돌보는	의존하는
확인된	흥분한	만족하는	선택하다	기대하다
가능한	엄청난	유쾌한	가까운	확신
중요한	매혹적인	즐거운	바라는	바램
재치 있는	흡족한	흥미	존중하는	의지
당당한	행복한	만족하다	우호적인	안전한
존경하는	기쁜	훌륭한	숭배하는	신뢰
만족하는	즐거운	굉장한	좋아하다	
뛰어난	명랑한	열의 있는	필요한	
지지하는	매력 있는	사랑하다	귀중한	
가치 있는	자극적인		원하다	
보람 있는	짜릿한		가치 있는	

두려움 불안 상태의 언어단서

두려운	불신의	고통스러운	믿지 못하는	회피하는
고민하는	당황한	공포	혐오스러운	대처하는
불안한	실패	불안하게 한	싫어하다	부정하는
걱정스러운	불안전한	무서운	의심하다	탈출하는
신경질적인	거만한	상하게 하다	의심스러운	달아나는
겁먹은	어리석은	몸부림치는	미심쩍은	무시하는
걱정스러운	확신 없는	괴로운	수상한	달리는

공격적/방어적 상태의 언어 단서

공격적인	무서움	싸우기 좋아하는	방어적인
화난	엄격한	논쟁적인	대항하는
멸망시키다	잔인한	호전적인	빈틈없는
논쟁하다	불길한 전조	툭하면 싸우는	주의하는
공격하다	두려운	전투적인	신중한
비난하다	무거운	논쟁을 좋아하는	보호하는
파괴하다	심술궂은	일치하지 않는	적대적인
싸우다	거친	성급한	준비된
때리다	무자비한	신경질적인	방어적인
상처 입히다	무정한	논쟁을 일삼는	원망하는
해치다	심한	싸움 좋아하는	저항하는
압도하다	엄숙한	사나운	억누르는

평화로운	희망적인	공허한	환멸을 느끼는	절망한
고요한	예상하다	버리다	속이는	우울한
침착한	확언하다	방황하는	냉소적인	자포자기의
만족하는	믿다	기가 죽은	낙담한	낙심한
사랑하는	확신하는	갈팡질팡하는	희망을 잃은	절망적인
익은	기대하다	연결되지 않는	기운 없는	공허한
생각에 잠긴	신뢰(하는)	당황한	불만족하는	버림받은
조용한	고무된	낙담한	실패한	음울한
쉬는	낙천적인	깊이 고민하는	실망시키다	희망 없는
만족한	운이 좋은	절망하는	난감한	상실한
고용한	신뢰(하는)	무의미한	억눌린	침울한
감사하는	믿는	목적 없는	얻기 어려운	무기력한
사려 깊은	의지하다.	슬픈	불공정한	시무룩한
어렵지 않은	바라는	슬퍼하는	일할 수 없는	피곤한

• 삼청(三聽)을 통한 대화

☑ 대화의 목적

- 신뢰 형성의 매개
- 상대의 욕구 충족
- 자신의 욕구 전달을 위한 소통의 도구
- 협력을 위한 교두보
- 미래의 긍정적 관계를 위한 토대
- 상호 정보 교류의 통로

"우리는 대화 속에서 인정과 존중을 요구한다."

☑ 존중

- 상대의 경험을 살펴보는 것.
- 상대의 느낌과 욕구를 살피는 것.

"나의 욕구 충족을 원한다면 상대의 욕구충족에 더 많이 집중하는 것이다."

☑ 협력

- 모든 살아있는 생물의 원초적 본능은 지배가 아닌 협력이다.
- 서로 행복하고자 하고 다른 사람에게 나누고자 하는 마음은 우리 인간이 가진 본성에서 협력을 요구하고 있다는 메시지이다.

서로의 행복을 위해 다른 사람과 힘을 같이 사용하는데 참여하는 것이 "협력"

☑ 우리가 협력 할 수 없는 이유

- 갈등에 초점을 맞추고 있을 때
- 과거의 잘못과 실수에 초점을 맞추고 있을 때
- 끝없는 꼬리표를 만들고 있을 때
- 나의 욕구를 상대에게서 얻고자 할 때
- 교훈 보다는 실수와 과오에 집중하고 있을 때
- 판단과 비난에 익숙해진 습관으로 대처 할 때
- 협력을 위해 상대가 ~해야만 한다고 정할 때

☑ 대화의 초점

- 상대의 실수나 잘못된 언행에 초점을 맞추는 것이 아닌 상대의 의도와 욕구에 초점을 맞추는 것이다.
- 상대의 진정한 욕구에 맞추어진 초점은 나의 욕구해결에 Key이다.
- 대화에도 협력이 요구된다.

☑ 대화의 주제를 전문가에게 위임

- 누구의 주제인가에 따라 전문가가 달라진다.
- 나의 주제는 내가 전문가 이다.
- 상대의 주제는 상대가 전문가이다.
- 전문가에게 대화의 주도권을 위임하여야 한다.

"대화를 통해 상대를 이해하려 하기보다는 오해 하지 않는 것이 중요"

실습

- 대화 단절 체험

역할을 나누는 것이 효과적	
역할	A와 B로 역할 나누기 A : 최근 자신의 상황에 대해 이야기한다. B : 이야기를 들으며 상대에 대해 판단하기, 딴청 피우기, 끼어들기, 말 자르기, 충고하기를 시도한다.

느낌 정리

☑ 대화 공간의 변화

- 생각(Think), 듣기(Hear), 말하기(Say), 보기(Watch), 읽기(Read), 쓰기(Write) 등의 모든 것을 대화 공간이라고 칭한다.
- 과거에서 벗어나는 것이다.
- 과거에 얽매이지 않는 것이다.

- 미래를 걱정과 근심을 주요내용으로 말하지 않는 것이다.
- 새로운 것을 이야기 하는 것이다

☑ 대화 공간 변화 효과

- Past(과거): 경험을 교훈으로 삼는다.
- Present(현재): 순간에 집중한다. 바로 지금 이 순간이다.
- Future(미래): 많은 시간을 긍정적 미래에 집중하여 변화를 흡수하고 만들어 창조한다.

자신의 욕구와 진의에 많은 것을 집중하고 미래 창조에 많은 시간을 보내며, 많은 것을 자신의 것으로 흡수하자.

☑ 대화 공간을 통해

- 우리 대화의 대부분이 어떠한 것들(Things)에 관한 이야기한다.
- "Others-인생에 좀 더 친밀한 관계와 즐거움을 원한다면?"
- 나와 우리의 대화 폭을 넓힌다.
- 많은 시간을 당신과 나에 대해 이야기한다.
- 서로의 관계와 정말 본인을 더 드러낼 수 있는 내 이야기를 한다.
- 상대에겐 스스로 진실한 모습을 보일 기회를 준다.
- 내 머릿속에 어떠한 것이 있는지 의식하면 자신의 대화내용을 조율하여 균형을 잡을 수 있다.

☑ 대화를 적절히 선택

- 대화의 공간에서 대화의 내용을 적절히 잘 선택해야 한다.
- 잘 되는 부분 혹은 잘 안 되고 있는 부분 중 어떠한 대화를 하고 있는지 의식할 수 있어야 한다.
- 대화의 주제에 균형을 유지해야 한다.
- 대부분 해결 방안 잘 되고 있는 부분들에 대해 집중하고 이야기한다.

- 문제의 해결에 대한 구체적이고 실제적인 부분에 대해 이야기한다.

실습

- 삼청(三聽) 실습

다음의 대화에서 각각의 경우를 구분하여 보고 스스로 찾아보기

- 동료가 회사에 맨날 늦어서 나를 힘들게 해서 미워요.

사실:

감정:

진의:

- 우리 애는 하루 종일 먹어요. 돼지가 되려나 봐요.

사실:

감정:

진의:

- 제 친구는 여자와 헤어진 뒤로는 술독에 빠져서 살아요.

사실:

감정:

진의:

코치의 경청

- 고객 스스로 목표를 발견하도록 독려한다. 그러기 위해 온전한 집중과 몰입으로 가능성에 지지와 응원을 아끼지 않는다.
- 고객이 달성하고자 하는 목표를 발견하여 명확히 정렬한다. 그러기 위해 목표를 향한 가능성의 계단들 탐색해 본다.
- 고객 스스로 해결책 및 전략을 도출하도록 이끌어 준다. 그러기 위해 고객의 정보와 경험을 공유하고 존중한다.

- 고객 스스로 책임지도록 하는 것이다. 그러기 위해 고객의 스토리를 반영한다.
- 상대의 입장에서 공감하고 수용하며 이해한다는 의미를 포함한다. 그러기 위해 코치는 코칭고객의 Keyword를 찾아야 한다.
- 고객의 언어적 비언어적 반응의 중심을 찾아 공감하여야 한다. 그러기 위해 코치는 고객의 모든 것을 경청한다.

☑ 삼청의 다섯 가지 핵심전략

- 포커싱 → 고객

코칭 현장의 모든 환경을 고객의 환경으로 전환하는 것이다.

예 세상에 아무런 제제가 없다면 당신은 무엇을 할 수 있을 까요?

- 자제력 → 스스로

자신의 현재 상태와 변화를 받아들이도록 하는 것이다.

예 그렇게 원하고 바라고 있음에도 불구하고 이루지 못하게 하는 장애 요소는 무엇인가요?

- 적응력 → 상황 및 환경

고객 스스로 생각해보지 않은 것을 생각하고 실행해보지 않은 것을 실행 보는 새로운 환경의 적응을 위한 기다림의 가치를 경험하도록 하는 것이다.

예 자신의 원하는 삶을 위해 안 해도 되는데 새롭게 시도해볼 수 있는 것은 무엇이 있을까요?

- 몰입력 → 인지하기위한

고객은 자신에 대해 인지하기위한 내면의 몰입과 코치는 그러한 고객의 변화를 인지하는 고객에 대한 몰입인 것이다.

예 이런 상황에 당신의 몸은 무엇이라고 말하고 있나요? 당신의 신체 어느 부위에서 들리거나 느껴지는 소리 같으신가요?

- 에너지 → 상호 순환

경청을 통해 고객의 에너지를 인지하여 부정에너지를 긍정에너지로 전환함과 동시에 코치 자신의 부정에너지 또한 긍정에너지로 전환하여 선순환을 이루는 것이다.

예 많이 힘드셨군요! 그럼에도 불구하고 이 자리에 올 수 있다는 것은 대단해요!

☑ 성공적 삼청을 위한 세 가지 주의 사항

- 책임회피 → 환경과 상황 및 대상

문제해결의 중심인물임에도 자신만을 객관화시켜 주변을 3인칭 화하거나 탓으로 돌리는 것이다.

예 ~ 때문에, 그런 일, 그런 사람, 그런 세상, 그런 경우 등으로 표현될 수 있으며, 이때는 고객의 스토리에 대한 구체화 및 요목을 요구할 수 있어야 한다.

- 과도한 기대 → 고객

코치가 모든 문제를 해결해 줄 수 있다는 믿음과 의존적이며, 수동적인 경우 자신을 조정해 주길 기대하는 것이다.

예 어떻게 하면 되는지, 무엇을 하면 좋은지, 나 아닌 다른 대상을 변화시킬 수는 없는지, 자신은 약자이고 힘이 없으며, 무능력함을 반복적으로 어필하는 경우 등으로 표현될 수 있으며, 이때는 고객에게 그를 통해 이루어진 사건에 대한 스토리나 실패와 성공의 교훈을 통한 깨달음 또는 배움 등을 요구할 수 있다.

- 자기 과신 → 가면

약자에게는 강하고 강자에게는 약했던 자신의 모습을 들여다보기를 거부하며, 부정하고 저항하며 상대를 모함을 하기도 하고 이러한 상황들을 합리화하는 것이다.

예 맞을 짓을 했으니 맞는다, 당해도 싸다, 오죽하면 그러겠느냐, 너희들이 나를 알아 등으로 표현될 수 있으며, 이때는 제 3자의 입장 상대의 입장에서 이야기할

수 있도록 하고 관찰자의 입장이나 고객의 상황에 잘 어울리는 위인이나 전문가의
입장 자신이 가장 존경하는 이의 입장에서 조언을 요구할 수 있다.

☑ 코치의 가정 화법

그럴 수도 있겠군요!

~할 수도 있겠네요!

~할 수도 있어요!

"대화를 잘하는 것은 판소리의 고수가 되는 것"

상대의 반응에 추임새를 넣는다.

실습

- 삼청(三聽) 실습

☑ 三聽을 통한 공감대화 체험

위의 2단계 경청의 다양한 요소들과 함께 언어적 비언어적 단서는 물론 가정화
법의 내용을 활용하여 실습을 한다. 실습 대화 중 직관적으로 상대의 진짜 감정과
진의를 경청하는데 집중

역할을 나누는 것이 효과적	
역할	A와 B로 역할 나누기 A: 정말 마음에 있는 것을 이야기하고 입을 열고 나누고 사람을 신뢰하고 이야기 한다. B: 판단 없이 경청하고, 마음을 열고 수용하며 상대를 전체적으로 경청한다.

· 서로의 역할을 바꾸어 체험

자기말로정리

자기중심적 경청과 상대 중심적 경청의 차이는?

상대 중심적 경청과 공감적 경청의 차이는?

깨달은 것은?

교훈은?

소감은?

단계별 경청을 통해 새롭게 깨달은 것과 교훈을 자신의 말로 정리

질문

◆ 코칭에서의 질문은 고객이 자신의 문제에 대해 생각하고 그에 따른 해결방법을 찾을 수 있도록 도와 문제의 해결력을 높인다.

◆ 질문은 코칭고객이 자신의 문제에 대해 고찰하고 그에 따른 해결 방법을 스스로 찾을 수 있도록 도와 문제의 해결력을 높이는데 그 의미가 있다. 도로시 리즈(Dorothy Leeds, 2000)는 질문의 중요성에 대해 다음과 같이 논하고 있다.

첫째, 질문을 하면 대부분 답을 하므로 그 개인에 대한 매우 중요하고 특별한 정보를 얻을 수 있다.

둘째, 질문을 통해 코치와 코칭고객 간에 특별한 대인관계를 수립할 수 있게 되고 질문은 다른 사람들을 설득하고 자극할 수 있다.

셋째, 코칭고객을 좀 더 창의적으로 생각하게 하고 생활에 중요한 변화를 가져오게 된다.

따라서 코칭고객으로 하여금 생각하고 몰입해 스스로 답을 찾도록 하는 것에 있어 질문은 가장 효과적인 기법이다. 또한 질문은 코칭고객이 스스로 생각하게 하고 계획하게 하며, 그에 따른 행동을 결정하게 하는 기법이다.

1. 질문의 효과

- 코치의 탁월한 질문을 통해 코칭고객은 보다 깊이 있는 생각을 하게 되고 고객의 해결과제나 현재 상태 및 다양한 정보를 탐색하게 된다.
- 질문을 통해 코치와 코칭고객 간에 의미 있고 특별한 관계형성을 수립할 수 있게 된다.
- 고객이 좀 더 창의적이고 구체적으로 생각하게 돕는다.
- 내면의 열정을 찾아 끌어올리는 과정을 경험하게 된다.
- 생활에 중요한 변화의 가능성을 생각하게 한다.
- 고객의 숨겨지거나 알려지지 않은 가능성을 찾도록 돕는다.
- 고객이 가지는 변화에 대한 높은 효과에 초점을 맞출 수 있게 한다.
- 새로운 선택을 위해 고객의 창조적 힘과 자원을 이끌어낼 수 있게 한다.
- 코칭고객이 가지는 변화에 대한 높은 효과에 초점을 맞출 수 있도록 한다.
- 고객에 대한 다양한 정보를 직접 또는 간접적으로 탐색할 수 있게 한다.
- 스스로 걸림에 대한 해결과 새로움을 찾아 나아갈 수 있도록 의식의 확장을 돕는다.

코칭의 성과 또한 질문의 활용에 많은 영향을 받으며 코치의 질문에 의해 코칭의 방향과 질이 달라질 수 있으며, 그 성과 또한 달라진다. 즉 질문을 잘하기 위해서는 경청이 선행되어야 하며 온전한 경청이 있을 때 탁월한 질문이 가능해진다.

2. 질문의 종류

◆ 직접적인 질문 : 문제의 핵심을 직접적으로 집어내는 질문으로 복잡하게 얽힌 상황에서 어떠한 결정을 내려야 할 때 유용하다.

예 당신이 원하는 것은 무엇인가?
　그것은 당신에게 어떠한 유익이 있는가?
　그것을 원하는 것은 누구인가?

◆ 개방적인 질문: 코칭고객이 마음의 문을 열어 더 많은 대답을 하게 하는 질문으로 코칭고 객으로 하여금 자신을 자유롭게 표현할 수 있도록 기회를 제공해 주는 질문이며, 코칭고객 은 편하고 자유로운 대답을 할 수 있고 코치는 코칭고객에 대한 정보를 더 많이 얻을 수 있 다는 이점이 있다.

예 어떠한 것들을 할 수 있는가?

어떻게 하면 되는가?

무엇들이 있는가?

◆ 소유권 질문: 코칭고객 스스로 주인의식과 책임의식을 갖게 하는 질문이다. 코칭고객 스스 로 책임의식을 가지고 주도적으로 행동할 수 있도록 하는 질문이다.

예 지금에 상황에서 당신이 할 수 있는 것은 무엇인가?

지금 상황은 어떠한가?

이 상황에서 당신의 선택은 무엇인가?

◆ 관점 전환 질문: 코칭고객으로 하여금 자신의 상황을 전혀 다른 방향에서 볼 수 있도록 하 여 신선한 충격을 받도록 하는 질문으로 코칭고객이 현재 직면한 부분에서 자신이 누구이 며, 어떤 의식을 가지고 있는지를 깨닫게 하고 깨달은 방향으로 나아가도록 돕는 질문이다.

예 그들은 무엇이라고 이야기하겠는가?

누구누구라면 어떻게 하겠는가?

당신의 스승은 당신의 결정을 어떻게 생각하겠는가?

◆ 구체적 질문: 어떠한 문제나 해결과제에 보다 더 깊이가 있고 실증적인 핵심을 자극하게 하는 효과가 있다.

예 건강한 사람들의 삶의 모습은 어떠한가! 5가지 정도?

그것을 달성할 확률은 몇%나 되는가?

언제까지 어떤 상태이기를 원하는가?

◆ 가설적 질문: 코칭고객의 행동과 언어 뒤에 숨은 의도, 가치, 신념의 정보를 얻는데 효과적이며, 코칭고객이 가진 어떠한 대안에 대해 끊임없이 사고하는 과정에서 새로운 시각을 얻도록 하는데 효과적이다.

예 만약 그런 일이 없다면 어떠한가?
처음으로 다시 돌아간다면 어디로 가고 싶은가?
20년 뒤의 성공한 당신의 모습의 원천은 무엇이었는가?

◆ 강력한 질문: 놀라운 효과를 만들어 낸다. 강력한 질문에는 기적질문 등을 활용하여 고객의 의식과 욕구를 확장하거나 명료화할 수 있다.

예 기적이 일어난다면 무엇을 원하나?
그 의도는?
의미는?

◆ 호기심 질문: 코칭고객의 새롭고 신비한 것에 대한 고객 스스로가 알고 싶고 말하고자 하는 것을 생각해보고 말할 수 있도록 할 수 있으며, 최종 목적을 도달해볼 수 있도록 할 수 있다.

예 이 세상에 모든 제안이 없다면 무엇을 할 수 있는가?
모든 것이 다 해결되었다면 그다음은 무엇을 해볼 수 있겠는가?
좀 더 해보고 싶은 이야기가 있다면 무엇인가?

◆ 명료화 질문: 자신의 현실과 감정의도를 보다 명확하게 할 수 있다.

예 그 문제는 어디로부터 온 것인가?
무엇이 그것을 그렇게 만들었나?
그것은 당신에게 어떤 의미가 있는가?

◆ 직면 질문: 다양한 종류의 모순과 불일치의 의도를 찾을 수 있으며, 고객 스스로 자신을

객관화할 수 있다. 말과 말 사이의 불일치 말과 행동 간의 불일치, 감정과 감정 사이의 불일치, 관념과 행동 사이의 불일치 등을 질문을 통해 인식할 수 있도록 한다.

예 그 말과 지금 말은 어떤 차이가 있는가?

제가 보기에는 ~하게 보이는데 어떠한가?

~라고 말하고 있는데 지금 ~하고 있는 것은 어떤 의미인가?

이 외에도 다양한 질문법을 활용할 수 있다.

◆ 단 질문은 개방형 질문, 미래지향적 질문, 긍정질문으로 코칭고객이 보다 생각의 폭을 넓혀 다양한 답을 얻을 수 있도록 하고 사고를 보다 긍정적으로 환기시키고 자신의 가능성을 찾을 수 있도록 도우며. 보다 많은 미래를 설계하도록 하여야 한다.

◆ 또한 상황에 따라 과거 질문을 통해 교훈을 얻을 수 있도록 하고 부정 질문을 통해 자신의 걸림돌을 찾아 해결하도록 할 수 있다.

실습

• 다양한 질문법을 토대로 자신만의 질문을 만들어 나누기

역할	각각의 질문을 만들어 본다. 각각 질문법에 따라 2개의 질문을 선정하여 그 질문을 자신에게 적용해 보고 자신만의 답을 찾아 정리해 본다.

• 질문 만들기

직접적인 질문	
개방적인 질문	
소유권 질문	
관점전환 질문	

구체적인 질문	
가설적 질문	코칭실전
폐쇄형 질문	
강력한 질문	
호기심 질문	
명료화 질문	
직면 질문	

피드백

인간이 만들어낸 사회조직에서는 언제나 발전하는 새로운 모습을 갖추기를 원하는데, 이 때 가장 필요한 시스템이 바로 피드백시스템이다. 한번 일어난 긍정적 경험과 사고 및 행동을 바탕으로 하여 앞으로 할 행동이나 일에 참고함으로써 더욱 발전된 결과를 얻을 수 있게 되기 때문이다.

• 코칭에 있어 피드백

◆ 코칭고객에 대한 코치의 언어적 비언어적 반응이다.

◆ 코치는 코칭과정 중 어떠한 형태로든 고객에게 피드백을 한다.

◆ 피드백은 코치의 주관적 형태보다는 사실 중심으로 객관적 행동을 관찰하고 그 행동 뒤의 숨은 의도가 있음을 알아차려 코칭고객의 행동의 결과만이 아닌 행동의 동기와 과정을 관찰하여 판단 없이 전달할 수 있어야 한다.

☑ 피드백의 4가지 종류

우리는 다양한 방법을 동원하여 언어적이든 비언어적 피드백을 하게 된다.
이러한 피드백을 리처드 윌리엄스의 피드백이야기에서는 4가지로 분류하고 있다.

◆ 일, 지지적 피드백 : 반복되기를 원하는 행동을 독려하는 것이다.

지지적 피드백 4단계 : 구체적 행동을 설명 → 행동 결과를 설명 → 행동에 대한 느낌 설명 → 느낌의 원천 즉 왜 그렇게 느꼈는지 설명한다.

　예 딸! 네가 일찍 일어나니 학교를 지각하는 일이 없어져 엄마는 참 뿌듯해 이제 딸이 정말 고등학생임을 느껴!

◆ 이, 교정적 피드백: 행동의 변화를 의도하는 것으로 훈련과 연습이 없이는 교정적 피드백을 주기 어렵다. (단 전달반응양식에 따라 질책하는 대화가 될 수 있음)

　예 똑바로 서야지! 앞만 보고, 그렇지 그렇게

◆ 삼, 무의미한 피드백: 중요하지도 않고 의미도 없으며, 상대에게 거의 영향을 미치지 못하는 피드백

　예 그래, 뭐, 그거

◆ 사, 학대적 피드백: 상대에게 모멸을 느끼게 한다.(부정적 상황에서 주로 사용)

　예 그럴 줄 알았어!, 그게 다야!, 또 뭐!, 당신이 그렇지!

긍정적 단어를 통한 피드백 자체만으로도 충분히 지지적 피드백으로써의 역할을 해준다.

결과보다는 과정에 그 과정에 숨은 노력과 인내를 인정하고 칭찬하고 격려한다.

진의와 의도를 공감하고 지지한다.

☑ 효과적 피드백

◆ 삼청(三聽)을 바탕으로 서로의 상태를 전달할 수 있다.

◆ 피드백에도 파도를 타듯 너와 나의 감정, 욕구, 의도 및 칭찬과 격려에도 3단계의 상태를 필요로 한다.

◆ 효과적 피드백을 위해 커뮤니케이션 스킬을 병행하면 보다 효과적이다.

◆ 진실한 표현과 깊이 있는 공감이 수반된다.

 과정

A. 사실(사건을 통한 행동의 경험)

B. 감정(사건을 통해 일어난 느낌)

C. 진의(의도와 욕구를 포함)

D. 원하는 상태

<table>
<tr><th>I – 나의 진실한 표현</th><th></th><th>YOU – 깊이 있는 상대 공감</th></tr>
<tr><td>• 나에게 감정을 일으킨 행동의 상황을 사실을 중심으로 표현</td><td rowspan="4">버리기 요소</td><td>• 상대의 감정을 일으킨 행동의 상황을 사실을 중심으로 표현</td></tr>
<tr><td>• 그 상황을 통해 일어난 나의 감정</td><td>• 그 상황을 통해 일어난 상대의 감정</td></tr>
<tr><td>• 느낌 뒤의 나의 욕구, 진의(원하는 상태)</td><td>• 느낌 뒤의 상대의 욕구, 진의(원하는 상태)</td></tr>
<tr><td>예 나는 A한 것을 B(보고, 듣고, 생각 등)할 때 C한 느낌이 들었다. 그래서 나는 D하기를 원하는 것이다.</td><td>예 당신은 A한 것을 B(보고, 듣고, 생각 등)하니 C한 느낌이 드셨군요. 그래서 당신은 D를 원하는 거군요.</td></tr>
</table>

- 비난/진단/판단/분석/분류/꼬리표 달기/비교/우열
- 사실/감정/진의에 대한 책임회피와 부인 일방적 강요나 요구

실습

• 아래의 상황을 토대로 A. B. C. D로 정리

역할을 나누는 것이 효과적	
역할	사례에 따라 역할을 나누고 각자 자신의 역할에서 전달하고 상대를 공감해보기

사례1: 고등학교에 입학한지 한 달이 된 딸을 둔 엄마가 걸어서 10분 거리인 학교를 차로 데려다 달라는 딸과 아침 일찍 실랑이를 하고 있다.

엄마: 남들은 다 걸어 다니는데 넌 왜 매일 차로 가려고해?

딸: 다른 애들도 다 엄마들이 태워다주는데 뭘!

엄마: 엄마도 준비하고 출근해야 하는데 너랑 방향도 다르고 엄마가 너의 시녀니!

딸: 됐어! 나 오늘부터 학교 안 가!

엄마: 너 말이면 다야 버르장머리하고는 쯧쯧쯧….

딸: 됐다고 나 버르장머리 없으니까 엄마나 얼른 가! 난 안가!

엄마	딸
A:	A:
B:	B:
C:	C:
D:	D:

엄마는 무엇을 전달하고 싶은지? 정리해보기

딸은 무엇을 전달하고 싶은지? 정리해보기

☑ 인정

◆ 코칭고객은 진정으로 인정을 받은 후에 더욱 똑바로 설 수 있게 된다.

◆ 인정은 그 사람의 내적 성품을 인정한다.

◆ 인정 기법은 내부의 강점을 칭찬한다.

◆ 코칭고객이 성장하고 있는 부분, 강해지고 있는 부분 때로는 확신을 필요로 하는 부분에 확신을 가지게 한다.

◆ 코치가 인생에서 어떤 과정과 어떤 경험을 하고 있는 것과는 무관하게 코칭고객의 경험과 과정 자체를 완전하게 존중해주는 방식이다.

◆ 코칭고객이 경험하는 과정에 주의를 기울이고 그 상황을 인정하는 것이 된다.

◆ 코칭고객이 어떤 행동을 취했던지, 어떤 성공을 거두었던지 상관없이 그것을 성취하기 위해 코칭고객이 노력해야 했던 부분을 인정해준다.

◆ 코칭에서 말하는 인정은 두 가지로 나누어볼 수 있다.
첫째, 인정한다는 사실을 표현으로 전달한다.
둘째, 그것이 고객에게 어떤 영향을 미치고 있는지 살펴본다.

◆ 인정기법은 코칭고객에게 스스로의 가치를 발견하고 인간으로서의 존재감과 자신감을 통해 잘하고 싶은 것을 더 잘하도록 동기를 부여하게 된다.

☑ 칭찬과 격려

◆ 칭찬: 눈에 보이는 행동에 초점을 맞추어 그 행동의 탁월함을 공감하고 칭찬한다.

예 청소를 어쩜 이렇게 깔끔하게 했어. 대단한데!

◆ 격려: 코칭고객이 자신에 대해서 의심을 하더라도 코치는 코칭고객이 어떤 사람인지 분명하게 알고 있으며, 코칭고객 자신이 생각하는 것보다 훨씬 더 많은 능력을 가지고 있다는

사실을 부각시켜 코칭고객의 다양한 잠재력과 개발요소들을 긍정적으로 강화시킨다.

예 어떻게 그런 생각을 할 수 있어요. 정말 훌륭해요!

◆ 코칭고객의 행동(사실), 감정, 진의에 공감을 표한다.

예 당신이 종이를 모으시는 할머니의 수레를 밀어드리는 것을 보고 참 따뜻한 사람이라는 것을 알았어요. 당신은 누군가에게 도움을 주고 싶군요! 정말 감동이에요

◆ 고객의 변화와 성장 잠재력 등에 기대와 가능성을 표현한다.

예 전 당신이 더 많을 것을 나누고 함께할 거라는 것을 알아요. 당신은 사랑이 참 많으신 것 같아요. 정말 최고예요!

긍정피드백 단어의 예)

대단해요.	멋져요.	훌륭해요.	잘 하셨어요.
믿어요.	놀라워요.	감사해요.	탁월해요.
기대해요.	충분해요.	감동이에요.	최고예요.

실습

역할을 나누는 것이 효과적	
역할	A와 B로 역할을 나누기 A : 잘 안 되고 있는 부분에 대해 이야기 B : 칭찬, 인정 용어를 사용하여 피드백

- 경청의 단계를 통해 좋았던 것은?

- 상대중심적 경청과 공감적 경청을 통해 새롭게 정리된 생각은?

- 다양한 질문법을 적용하여 나의 현재 위치에서 시도해 보고 싶은 것은?

◆ 의식과 무의식을 비교할 수 있다.

◆ 의식긍정화를 이해할 수 있다.

◆ 자신의 존재를 경험할 수 있다.

◆ 자신의 존재 스토리를 만들어 볼 수 있다.

◆ 코칭에서의 의식확장을 이해할 수 있다.

의식 확장
5
MODULE

의식과 무의식

의식적 마음과 무의식적 마음 비교	
의식적 마음이 탁월한 점	의식적 마음이 탁월한 점
연속적으로 작용	전체론적으로 작용
순서적으로 처리하기	직관
논리	창의성
말에 의한 언어	신체로 움직임
수학	감정 돌보기
분석	기억저장

◆ 우리의 뇌는 두 개의 큰 범주, '의식적인 뇌'와 '무의식적인 뇌'로 나누어진다.

◆ 뇌의 이 두 부분이 서로 어떻게 상호작용을 하는지 외부 세상과 함께 힘을 합쳐서 어떻게 상호작용을 하는지에 따라 목표를 달성하기도 하고 어떻게하면 투쟁에서 벗어나서 각자 자기 자신을 위해 설정한 목표들을 하나씩 성취할 수 있을지 알아가고 이해하는 열쇠를 쥐게 될 것이다.

- **의식**

　자기가 의식적으로 하는 생각들을 자기 자신과 동일시하는 경향이 있다. 의식적인 생각이 '자기 자신'이라고 여긴다. 모든 것을 지배하는 것이 우리의 의식적인 마음이라고 여긴다. 사람들은 자기 자신이 실질적으로 행하는 것을 좌우한다고 믿는다.

"내가 선을 행하기를 원하지만 선을 행하지 아니하고,
내가 악을 행하지 않기를 원하지만 악을 행한다."

- **무의식**

◆ 자신의 통제중심은 무의식적인 뇌에 있다. 이곳은 엄청난 양의 지각현상이 일어난다.

◆ 사람의 습관을 주관하고 어떤 작업의 의욕이 일어나거나 성취가 발생하는 곳도 바로 이곳이다.

◆ 사람은 무언가를 정의하고, 말하고 또 목표를 세울 때 의식적인 마음을 사용한다.
목표들을 달성하는 데 필요한 수십, 수백 아니 수백만 개의 행동들을 통제하는 곳도 바로 무의식적인 뇌다.

"무의식과 의식이 싸우면 언제나 무의식이 이긴다."

1. 의식 긍정화

"에너지는 관심을 기울이고 집중하는 곳으로 흐른다."

◆ 코치는 자신의 의식은 물론 고객의 의식까지도 긍정화할 수 있도록 늘 상태를 점검하여야 한다.

◆ 지금 현재에 자신이 무엇에 집중하고 있는가?

◆ 그 내용이 부정이라면 긍정으로 전환 할 수 있는 스토리를 만든다.

◆ 이러한 것을 자신의 생각과 삶에 적용함으로 자신의 환경을 보다 긍정적으로 전환할 가능
성을 높이는 것이다.

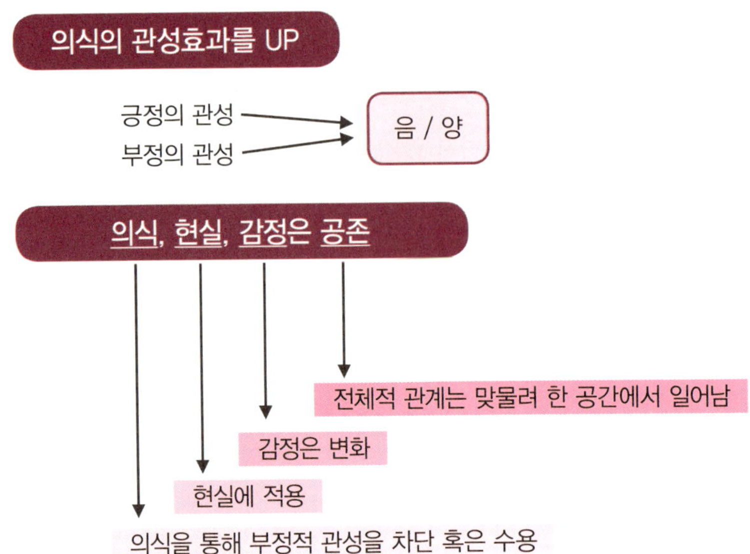

◆ 고객이 전달하는 용어를 긍정으로 전환하여 고객의 진의를 확인할 수 있어야한다.

예 너무 힘이 들어요. (고객의 부정 용어)
　전환 : 편안해지고 싶으시다는 말씀이시군요.
　　　　쉼이 필요하다는 말씀이시죠?
　　　　열심히 살아오셨군요.

예 살맛이 않나요.(고객의 부정용어)
　전환 : 잘 살고 싶으시다는 말씀이시군요.
　　　　살맛나는 일을 찾고 싶으시다는 말씀이시죠.
　　　　살맛나는 방법이 필요하시군요.

등으로 전환을 하는 것은 현재의 부정 상태를 긍정으로 전환하는 rebound energy를 생성할 수 있다.

실습

- 의식의 긍정화 전환

예를 보고 자신의 스토리 만들어 보기

예

필요한 것, 원하는 것	긍정 스토리
행복	나는 세상에서 가장 행복한 사람이다.
성공	나는 성공적으로 태어난 사람이다.
금전	나는 내가 원하는 만큼 금전을 충족시킨다.
사랑	나는 사랑 그 자체다
관계	나는 관계의 달인이다.

- 자신의 부족한 부분 또는 원하는 삶의 부분을 5가지 정도 나열한다.
- 나열한 내용을 위의 표와 같이 만들어본다.
- 서로의 긍정 스토리를 만들고 채워나가기 위해 생각해보고 생각한 것을 적어보고 또 이야기해본다.
- 다른 사람의 긍정스토리도 들어보고 그 내용 중 자신이 원하는 내용은 자신의 긍정스토리의 칸에 채워 넣어 본다.

본 실전서 에서는 5가지 정도로 한정하고 있으나 실생활의 많은 부분에 대해 더 많은 긍정스토리를 채워나가길 권한다.

필요한 것. 원하는 것	긍정 스토리

실습

- 아래 질문을 통해 떠오르는 나만의 답을 생각하고 작성해본다.

첫째, 당신은 무엇을 원하는가? 또 무엇을 원하는가? 그리고 또 무엇을 원하는가?

3번의 질문에 대한 대답을 차례대로 적어 본다.
want 1 :
want 2 :
want 3 :

이중 가장 먼저 해결하고 싶거나 이루고 싶은 것은?

둘째, 자신의 want를 이루는 방향으로 나아가기 위해 무엇을 해 볼 수 있을까?

way 1:
way 2:
way 3:

이 중 가장 효과적이고 유용하다고 생각되는 것을 먼저 시도해 본다면?

셋째, 그것이 현실적으로 실행 가능한 것인가?

가능하다면 다음 질문으로 그렇지 않다면 또 다른 방법은?

넷째, 자신의 성장을 위해 위의 방법을 적용해 시도해볼 수 있는 것은 어떠한 것들이 있는가?

how 1 :
how 2 :
how 3 :

자신의 현재 상황에서 가장 타당성이 있고 실현 가능성이 높은 것을 선택한다면 어떤 것인가?

다섯째, 그러한 것을 실현하기 위기 지금의 현실 또는 자신의 상황에서 행동에 옮길 작은 것부터 찾아 행동으로 옮겨본다면 어떠한 것들이 있는가?

act 1:
act 2:
act 3:

여섯째, 자신의 결정에 대한 실행은 언제부터 가능한가? (가장 가까운 시일, 이주, 이달 또는 언제부터 언제까지)

일곱째, 자신이 그렇게 했다는 것을 알릴 수 있는 방법은?

do 1: 결과를 어떻게 나누면 의미가 있겠는가?
do 2: 실행의 결과를 알리고 싶은 대상은?
do 3: 실행을 확인할 수 있는 방법은?

여덟째. 스스로가 이룬 결과에 대한 축하 메시지를 미리 만들어본다.

이러한 질문에 스스로 또는 상호 질문을 하고 대답을 하는 것만으로도 자신 안에 있는 긍정자원을 이끌어 내는 Process를 통해 성공과 성장을 위한 변화 계단을 만들어 가는 것이다.

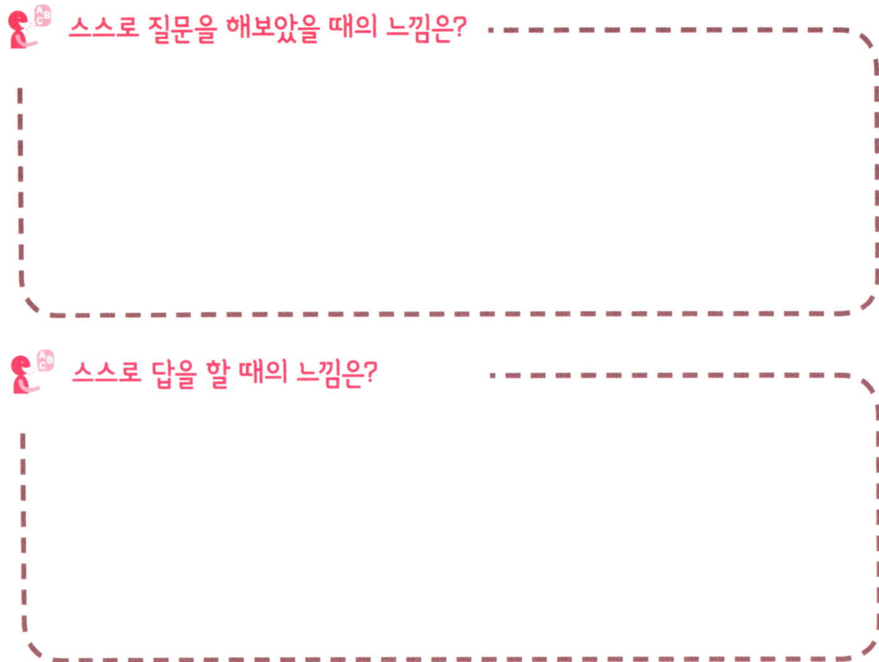

존재

• 존재 찾기

누가 나를 만드나!

A		B	
내가 듣고 싶은 말	일어나는 감정(느낌)	내가 듣기 싫은 말	일어나는 감정(느낌)

◆ 대부분의 사람들은 자신의 모습을 만드는 것은 나라고 생각하고 있다. 자신이 의식하며 그렇다고 인정하는 부분이 나라고 생각하고 살아왔다면 위의 존재 찾기 과정을 통해 한 번 더 생각하는 시간을 갖기를 권한다.

◆ 내가 원하는 나와 내가 원하지 않는 나를 보고 지금의 나의 모습은 A또는 B 중 어떤 쪽에 더 치우쳐있는가를 돌아본다.

◆ 자신이 듣기 싫어했음에도 불구하고 나의 상태나 모습을 돌아보고 자신이 느끼거나 보기에

그 모습에 가깝다면 지금까지의 자신의 삶은 제3자에게 위임하고 살았다고 할 수 있을 것이다. 나를 움직이게 하는 주체를 이미 상대에게 던져버린 것이다. 혹 그렇다면 이제 자신의 모습을 만드는 주체가 자신임을 알고 자신에 대한 더 이상의 방임은 멈추기를 권한다.

이제부터 자신이 듣기 원했던 자신의 모습, 참 나를 창조하고 찾아가기 위해 스스로에게 관심과 사랑으로 돌보기를 권한다.

사랑 : 사랑을 인정하면 변화가 일어난다. 누군가에게 사랑과 인정을 받으려고 하면 변화를 경험할 수 없다. 스스로가 사랑받고 인정받는 존재로 받아들이는 것이 곧 변화의 시작이다.

우리는 모두 사랑의 존재다. 사랑을 받고 사랑을 주고 싶어 하는 존재이다. 늘 그런 느낌을 느끼고 싶어 한다. 그러나 사랑에는 협력이 필요하다. 협력하지 않는 사랑은 지배하고 조정하며, 집착하고, 구속하며, 협박하게 된다.

우리 주변에서 만나는 사랑의 모습은 다양하다.

그 예로 부모자식 간의 사랑, 연인 간의 사랑, 부부간의 사랑, 친구, 동료, 가족 등 그 외에도 다양하다. 그 안을 자세히 들여다보면 그 모든 것은 관계 속에 있다는 것이다. 그 관계 속에 협력을 이루어내는 것이 사랑이다. 우리가 협력할 수 없는 이유는 알게 모르게 협박을 하고 있다는 것이다. 그 협박의 형태 또한 다양한 양상으로 나타나고 있다. 그 예로는 무관심, 비인정, 반항, 독단, 이기주의, 위선, 고립, 폭력 등 이러한 것은 자신과 관계 속에 있는 누군가가 대상일 경우도 있으며, 불특정 다수, 사회조직, 세상 등 이보다 더 슬픈 것은 자신을 대상으로 하고 있을 수도 있다.

자신이 하고 있는 사랑의 모습은 협력인가 협박인가?

◆ 욕구가 충족되고 만족 된 나는 편안하고 안정적이며 좋은 감정과 긍정에너지를 만든다. 반면 욕구가 충족되지 않고 불만족스러울 때는 불안정하며 안 좋은 감정과 부정 에너지를 만든다.

원인: 현재 나의 모습에는 원인이 있다.

자신의 평안함, 여유로움, 너그러움, 즐거움, 베풂과 나눔이 있었던 최상의 상황을 떠올려 보자. 그 상황을 위해 나는 어떠한 것을 하였으며 어떠한 것을 하지 않았는지 생각해보자. 이 상태는 누구나 원하는 상태일 것이다. 반면 내가 원하지 않았던 최악의 상황과 상태를 떠올려보자. 그 상황의 상태에서 나는 어떠한 것을 하였으며 어떠한 것을 하지 않았는지 생각해보자! 이것은 내가 원하는 어떠한 상태를 만들어가는 것 또한 나의 선택과 결정임을 인식하여 현재의 자신의 모습에 대해 더 이상 남의 탓을 하지 않고 내가 원하는 상태의 재창조를 위해 스스로 책임지는 것이다.

지금 현재 상태에서 내가 원하는 상태의 창조를 위해 내가 할 수 있는 것은?

◆ 탁월한 존재로 성장하기 위해서는 자신의 상태를 인지하고 의식하여 존재가 원하는 환경을 만들어야 한다.

통찰: 주관적 감정을 이야기하면 깨달음과 함께 진실을 경험한다. 자신의 실제 생각과 느낌을 말하면 가면과 불편함에서 나올 수 있다. 이것은 진실해 질 수 있다는 것이다. 진실은 내가 알고 있는 그대로의 나를 표현하는 것이다.

자신이 지금 20대이건 30대이건 혹은 40대, 50대, 60대, 70대, 80대 그 이상 이것은 인류의 시간선상에서 한 점에 있다. 바로 지금 이 순간의 나의 상태를 한 번 더 생각해 보고 지금의 위치에서 자신이 해야 하는 것들 또는 할 수 있는 것들, 하고자 하는 것들을 생각하고 적어본다.

실습

- 질문에 답을 해나가는 동안 자신의 현재 상태를 점검하고 보완과 개발을 찾아가는 것이다.

눈을 감고 느껴보고. 자신의 모습을 바라보자!

과거에도 지금에도 진실하지 못한 때는?

진실하지 못한 때의 감정, 태도, 행동은 어떠했는지 하나하나 천천히 느껴보자!

이 과정을 통해 아 하! 그렇구나! 하는 통찰을 경험하게 될 것이다.

무엇을 고치거나 지적하고 비판하는 것이 아니라 자신의 상태를 그대로 바라보는 관찰이 중요하다.

진실하지 않으면 우리는 알아차릴 수 없다.

진실하지 않으면 참 나와 만나는 깊은 경험을 할 수 없다.

진실하지 않으면 우리는 행복의 감정을 느낄 수 없다.

이제 자신의 수레바퀴를 점검해보길 바란다.

Q1. 지금의 건강은 자신의 목표를 향해 가기 위해 어느 정도의 에너지를 보유하고 계십니까? (0~10중)

Q2. 자신의 원하는 상태를 위한 구체적인 계획을 가지고 계십니까? (0~10중)

Q3. 주변인들과의 관계를 얼마나 잘 유지하고 소통하고 있는가? (0~10중)

Q4. 5년 후 또는 10년 후의 성공한 모습을 위해 구체적인 계획들을 가지고 있는가? (0~10중)

Q5. 자신의 발전과 성장을 위해 실행하고 있는 자기개발부분은 어느 정도인가? (0~10중)

Q6. 자신의 에너지 충전을 위한 여가를 얼마나 잘 활용하고 있는가? (0~10중)

Q7. 가정생활의 만족도는 어느 정도인가? (0~10중)

Q8. 자신의 성공을 보좌할 강점(장점)을 얼마나 활용하고 있는가?(0~10중)

Q1 ~ Q8까지의 내용을 Self-life energy 수레바퀴 위에 표시하시고 선을 연결해 보기 바란다.

☑ 당신의 바퀴는 잘 굴러가고 계십니까?

당신의 수레바퀴를 잘 굴러갈 수 있도록 장인이 되시기 바랍니다.

– 자신에 대한 사랑과 관심을 늘 느껴 함께하시길 기대합니다. –

◆ 내가 원하는 상태가 내 의식에 안정을 주는지?
  내 몸에 긍정 반응을 일으키고 있는지?
  원하는 환경이 준비되어 있는지?

늘 깨어 존재로서 확인하고 자신의 최적의 상태를 만든다.
깨어 있다는 것은 자신의 상태를 인지한다는 것이다.

자가진단을 해본 느낌은?

• 자신의 존재 낭독

자신의 존재 낭독을 만들어 낭독해 보는 것은 자신에게 일어나고 있는 상태를
객관적으로 바라보고 매 순간의 상태를 인지하는 거울의 효과가 있으며, 자신을
조절하고 관리하는데 사용하면 효과적이다.

갈등 상태	갈등 감정	이미지	만족 상태	만족 감정	이미지
1. 조급	a. 초조	A.성난 말	4. 여유	d. 풍요	B. 따사로운 빛
2. 난폭	b. 긴장	A.성난 말	5. 친절	e. 기쁨	B. 따사로운 빛
3. 어수선	c. 화	A.성난 말	6. 다정	f. 충만	B. 따사로운 빛

갈등이 생기면 나는 (초조하고, 긴장되며, 화) 감정이 일어나고 그때의 내 이미지

는 (성난 말)처럼 보이며 (조급하고, 난폭하며, 어수선)한 생활을 한다.

하지만, 만족이 되면 (풍요롭고, 충만하며, 기쁜)감정이 일어나고 그때의 내 이미지는 (빛)이고, (여유롭고, 친절하며, 다정)한 삶을 살아간다.

실습

- 실습을 통해 그동안의 자신에게 일어나는 상태와 감정의 역동을 정리해보는 것이다.

갈등 상태	갈등 감정	이미지	만족 상태	만족 감정	이미지
1	a	A	4	d	B
2	b	A	5	e	B
3	c	A	6	f	B

갈등이 생기면 나는(a, b, c)감정이 일어나고 그때의

내 이미지는(A)처럼 보이며 (1, 2, 3)한 생활을 한다.

하지만, 만족이 되면 (d, e, f) 감정이 일어나고 그 때의 내 이미지는(B)이고, (4, 5, 6)한 삶을 살아간다.

• 존재의 이유(사명 선언)

세상에 그 누구도 그 어떤 존재도 그냥 왔다 가기 위해 태어난 존재는 없다.

나름 존재의 이유와 사명을 가지고 이 세상에 존재하는 것이다.

이 과정을 통해 자신의 존재의 이유와 사명을 찾아 그 고귀함을 경험하길 권한다.

아래의 질문에 대답을 찾아가는 동안 지금과 다른 방향으로 생각해보고 또 자신을 보다 깊이 있게 들여다보는 시간을 만나길 권한다.

1. 실패와 고통을 통해 얻은 교훈은 무엇입니까?
2. 성공을 통해 얻은 교훈은 무엇입니까?
3. 특별히 관심을 기울이고, 기여하고 나누고 싶은 대상은 누구입니까?

4. 자신의 1인자 분야(관심을 기울이는 대상에게 가장 잘할 수 있는 강점)는 무
   엇입니까?

5. 실패의 경험에서 나에게 필요했던 것은?

6. 에니어그램 유형 단어 중 하나를 선택한다면?

7. 위 존재 이야기의 만족 상태 이미지는?

위의 내용을 문장으로 완성하여 자신의 존재의 이유를 만든다.

예

1. 고통과 실패의 교훈은? 무시

2. 성공의 교훈은? 인정

3. 관심대상? 청소년

4. 1인자 분야는? 잠재력 개발

5. 실패의 경험에서 나에게 필요했던 것은? 동기부여

6. 에니어그램 유형 단어 중 하나를 선택한다면? 주도적

7. 만족 상태 이미지는? 따사로운 빛

나는 (3. 청소년)들이 (1. 무시)당하지 않고 (2. 인정)받으며 (4.잠재력 개발)을 할
수 있도록 (5. 동기부여)을/를 하는 존재다.

그렇기 때문에 우주는 나에게 (6. 주도적)인 에너지를 주었으며, 나는 그들에게
길을 안내하는 (7. 따사로운 빛)이다.

실습

• 질문에 답을 해본다.

1. 실패와 고통을 통해 얻은 교훈은 무엇입니까?

2. 성공을 통해 얻은 교훈은 무엇입니까?

3. 특별히 관심을 기울이고, 기여하고 나누고 싶은 대상은 누구입니까?

4. 자신의 1인자 분야(관심을 기울이고 싶은 대상에게 가장 잘할 수 있는 것)은/
   는 무엇입니까?

5. 실패의 경험에서 나에게 필요했던 것은?

6. 에니어그램 유형 단어 중 하나를 선택한다면?

7. 위 존재 이야기의 만족 상태 이미지는?

위의 내용을 문장으로 완성하여 자신의 존재의 이유 즉 사명선언문을 작성해 보는 것이다.

나는 (3)들이 (1)당하지 않고 (2)받으며 (4)을 할 수 있도록 (5)을/를 하는 코치다.

그렇기 때문에 우주는 나에게 (6)인 에너지를 주었으며나는 그들에 길을 안내하는 (7)이다.

완성된 문장은 여러 번 반복하여 읽어보고 써보면서 자연스럽게 다듬어 가는 것이 필요하다. 다듬어 완성된 사명 선언은 자신이 자주 접할 수 있도록 시각화하는 것을 권한다.

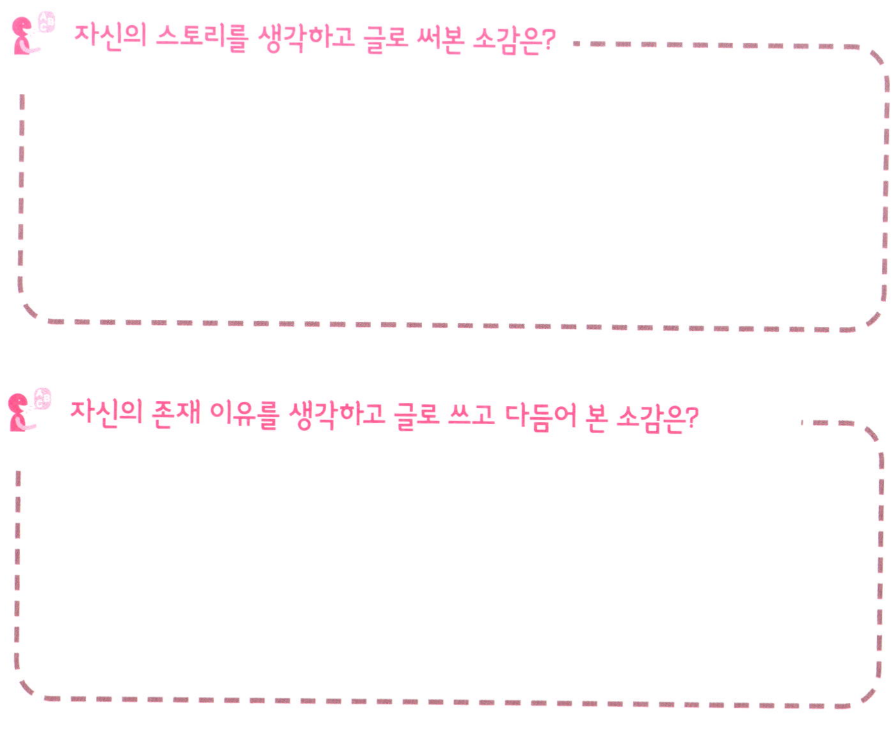

자신의 스토리를 생각하고 글로 써본 소감은?

자신의 존재 이유를 생각하고 글로 쓰고 다듬어 본 소감은?

이 과정을 통해 새롭게 만난 나의 모습은, 생각은, 소감은?

- 내가 이루고자하는 성공은?

- 내게 있어 그 성공의 의미는?

- 내가 원하는 성공이 5층에 있다면 현재 나는 몇 층에 서 있나?

- 내가 소망하는 일을 이루는 다음의 층에는 무엇이 기다리고 있을까?

- 그 다음 층은 또 다음은 그리고 또 다음은...?

- 현재의 내가 그 첫 걸음으로 한 계단을 오르기 위해 실천해볼 수 있는 것은?

- 내가 소망하는 일을 향해 나아가는 첫 걸음을 통해 내가 얻고 싶은 소감은?

- 내가 소망하는 일들을 통한 나의 삶의 가치는?

- 내가 소망하는 일 덕분에 나는 날마다 하루를 마치며, 희망에 미시지를 만들어 본다면?

◆ 코칭의 정의, 철학, 영역 및 효과를 정리할 수 있다.

◆ 현안행 코칭모델을 체화할 수 있다.

◆ 에니어그램의 유형별 Key Word를 적용한 질문을 할 수 있다.

◆ 코칭의 기법을 이해하고 활용할 수 있다.

◆ 의식확장의 의미와 가치를 통해 사명을 정리할 수 있다.

리뷰 및 종합실습
6
MODULE

리뷰

☑ 각 Module 의 핵심을 찾아 정리해 본다.

모듈	핵심	Self Research
1		
2		
3		
4		
5		

종합실습

실습

	역할을 나누는 것이 효과적
실습내용	코칭고객 : 자신의 실질적인 이슈를 가지고 코칭을경험하기 코치 : 학습한 내용들을 통합하여 코칭실습을해보기 관찰자 : 코칭 실습을 통한 스스로 개발할 점 및코치역할 자의 탁월한 점과 개발할 점을정리해 보기

코치?

코칭고객

관찰자
누구나 쉽게 하는 Coaching 코칭실전

누구나 쉽게 하는 코칭 – 코칭실전을 마치며

배움을 통해 채우는 것이고, 도를 통해 비우는 것이다.『도덕경』–노자–

자신이 무엇인가를 채우고, 성장하고 발전하기 위한 도전은 크고 작은 기여와 나눔을 통한 세상에 유익한 영향력을 끼치고 또 다른 나를 채우고 비우는 되먹임 과정일 것이다.

자신의 행위의 기준과 선택을 나에게 유익이 되고 너에게도 유익이 되며, 더불어 가정과 조직, 국가와 전 인류에 유익이라는 공동선의 지향을 통해 명료함을 얻을 수 있을 것이며, 반대로 나에게 무익하고 너에게도 무익하며, 나아가 가정과 조직, 국가와 전 인류에 무익을 초래 할 수 있다면 우리는 보다 명료함을 위한 시간의 마련이 요구된다. 본 실습서는 우리가 범할 수 있는 크고 작은 오류들을 최소화하고 자신만의 최적화된 환경 상태를 스스로 창조할 수 있는 시간과 시스템을 제공하고자 하였다.

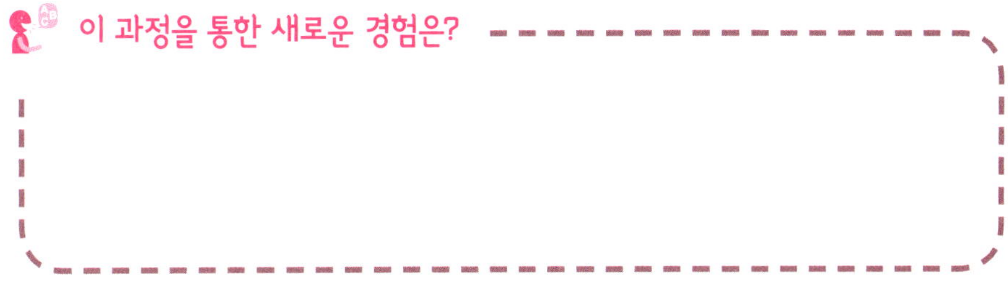

가장 기억에 남는 유익은?

이 과정 후 새로운 도전을 한다면?

누 구 나   쉽 게   하 는   COACHING

부록
SUPPLEMENT

코칭 윤리

• 한국코치협회의 코칭 윤리

☑ 직업상의 행위 전반에 대해

- 나는 코치라고 하는 직업에 어울리는 행동을 함으로써 직업으로서의 코치에 대한 일반의 이해나 지지를 해치는 행위는 일절 하지 않습니다.
- 나는 직업으로서의 코치에 관해 의도적으로 허위나 오해를 부를 우려가 있는 코멘트를 공공에 발표하거나 또는 부당한 주장을 서면에서 실시하는 것은 하지 않습니다.
- 나는 다양한 코칭 접근법(approach)을 존중합니다. 나는 다른 사람들의 노력이나 공헌을 존중하며, 나 자신의 노력이나 공헌이라고 속이지 않습니다.
- 나는 코칭의 본질 및 코칭이 사람의 생활에 주는 영향을 인식하여, 자신의 영향력으로 인해 오용으로 연결될 수 있는 이슈를 파악하고 있습니다.
- 나는 나 자신의 코칭 능력, 또는 업무상의 관계에 손상, 대립, 방해를 주는 개인적인 문제를 인식하도록 항상 노력합니다. 필요하다면 나는 그 어떠한 경우에도 신속하게 전문적 조언을 요구하며, 코칭의 일시 중단 또는 종료가 적절할지 등의 스스로 취해야 할 행동을 결정합니다.
- 나는 코치 및 코치 후보자의 트레이너 또는 슈퍼바이저로서 모든 연수나 감독을 실시하기에 앞서 한국코치협회의 윤리 규정에 준거해 행동합니다.
- 나는 전문적 능력에 근거하며 정직하고 인정되고 있는 과학적 기준의 범위 내에서 연구를 실시하고 보고합니다. 연구를 실시할 때는 관계자로부터 필요한 허가를 얻거나 동의를 얻은 다음 모든 불이익으로부터 참가자가 충분히 보호되는 형태로 연구를 실시합니다. 모든 연구 활동은 우리나라의 법률에 준거해 행해집니다.
- 나는 비밀을 지킬 의무를 준수하고 적용되는 모든 법에 따라서 코칭의 실시에 관한 모든 작업 기록을 정확하게 작성, 보존, 보관, 파기하겠습니다.
- 나는 한국코치협회 회원의 연락처 정보(전자메일 주소, 전화번호 등)를 협회에 인정되고 있는 사용 범위에서만 사용합니다.

☑ 클라이언트에 대한 직업상의 행위에 대해

- 나는 고객과의 물리적 접촉을 결정하는 명확하고 적절하며 문화적으로 신중한 경계를 설정할 책임을 집니다.
- 나는 고객과 부적절한 관계를 가지지 않습니다.
- 나는 고객과 명확하게 합의를 하며, 직업상의 코칭관계로 성립한 모든 결정을 존중합니다.
- 나는 최초의 세션이나 그 이전에 코칭의 본질, 비밀을 지킬 의무의 범위, 금전 조건 및 그 외의 코칭 계약 조건을 확실히 이해하도록 합니다.
- 나는 코치로서의 자신의 능력, 기술, 경험을 정확하게 인식합니다.
- 나는 나 스스로 코칭 프로세스 또는 코칭을 통해 얻을 수 있는 성과에 대해서 의도적으로 속이거나 부당한 주장을 실시하거나 하지 않습니다.
- 나는 고객, 혹은 고객 후보자에게 오해를 부를 우려가 있는 정보나 충고를 하지 않습니다.
- 나는 코치와 고객과의 관계를 나의 개인적, 직업적, 금전적인 이익을 위해 의도적으로 이용하지 않습니다.
- 나는 고객이 어느 시점에 있어도 코칭을 종료할 수 있을 권리를 존중합니다. 나는 고객이 나와의 코칭으로부터 더 이상 얻는 것이 없다고 하는 것을 인식할 수 있도록 배려합니다.
- 나는 고객이 나 이외의 코치 또는 다른 수단에 의지하는 편이 좋다고 생각되는 경우, 고객에게 그 변경을 실시하도록 촉구합니다.
- 나는 고객에게 적절 또는 필요하다고 판단되는 경우, 코치 이외의 전문가의 도움을 요구할 것을 제안합니다.
- 나는 고객이 고객 스스로나 타인에게 위험을 미칠 의사를 분명히 했을 경우 관계 당국에 연락하기 위한 필요한 순서를 취합니다.

☑ 비밀을 지킬 의무·프라이버시

- 나는 고객의 요구 또는 법이 요구하는 경우를 제외하고 고객의 정보에 대한 비밀을 지킵니다.

- 나는 고객의 이름이나 그 외의 고객의 특정 정보를 공표하기 전에 고객의 동의를 얻습니다.
- 나는 나에게 보수를 지불하는 사람에게 고객의 정보를 전하기 전에 고객의 동의를 얻습니다.

☑ 이해의 대립

- 나는 나 자신의 이해와 고객의 이해가 대립하지 않게 노력합니다.
- 실제로 이해의 대립이 생기거나 그 우려가 생겼을 경우, 나는 그것을 숨기지 않고 분명히 하고 고객에게 제일 좋은 대처 방법을 찾기 위해 고객과 함께 검토합니다.
- 나는 코칭관계를 해치지 않는 범위 내에서만 코칭피(fee)를 서비스, 물품 또는 다른 비금전적인 것으로 상호교환(barter)할 수 있습니다.

• ICF의 코칭 윤리

코치에 대한 기준

- 코치는 코치로서의 자존감을 가져야 한다.
- 코치는 고객과의 계약을 존중한다.
- 코치는 고객을 이해하며 고객의 권리를 존중하는 입장을 취한다.
- 코치는 자신의 전문성, 경험 등을 정확하게 고객에게 보여주며, 고객에게 해가 되는 정보를 제공하지 않는다. 혹 코치 자신이 고객을 위한 다른 서비스나 다른 코치가 필요하다고 판단될 때는 정직하게 고객에게 그 사실을 알려야 한다.

☑ 비밀과 사생활에 대한 기준

- 코치는 코칭 과정에서 알게 된 고객의 사생활에 관한 비밀을 철저히 지켜주어야 한다. 고객의 정보를 공개해야 할 불가피한 상황에 있을 경우에는 먼저 고객의 동의를 얻어야 한다. 임의의 공개에 대해서는 그만한 책임을 물어야 한다.

☑ 이익의 갈등 문제에 대한 기준

- 코치는 고객과의 갈등을 만들려고 해서는 안 된다. 그러나 불가피한 갈등이 있게 될 때는 최상의 코칭을 위해 직면해야 한다. 코치는 갈등 문제를 풀어나갈 때 금전보다 사람이 우선, 업무보다 신뢰가 우선이라는 원칙을 지킨다.
- 코치가 코칭 과정에서 계약 이상의 보상이나 소득을 거두게 될 경우 반드시 고객에게 공개함으로 고객의 신뢰를 얻어야한다.
- 코치는 코칭관계가 손상되지 않는 선에서 고객에 대한 다른 코치들의 코칭개입을 동의할 수 있다.

한국코치협회의 윤리규정은 국제코치연맹(ICF: Inter -national Coach Federation)이 정하는 코치의 윤리 규정에 준하고 있다.

☑ 윤리 규정에 대한 맹세

전문코치로서 나는 고객, 동료, 일반 사람들에 대한 나 자신의 윤리적 의무를 인정하고 준수합니다. 나는 한국코치협회의 윤리 규정에 따라 사람들을 독립되고 평등한 인간으로서 존중하며, 내가 코칭을 실시하는 사람에 대해 이 규정을 적용할 것을 맹세합니다. 만약 내가 이 윤리 규정 혹은 그 외의 한국코치협회의 윤리 규정을 위반했을 경우, 한국코치협회가 나에게 그 행동의 책임을 물을 수 있다는 것에 동의하며, 한국코치협회의 회원자격, 인증코치자격이 취소될 수 있음을 분명히 인지하고 있습니다.

이러한 윤리적 규정은 코치로서의 책임과 의무는 물론 직업상의 가치를 규명하는 규약이 된다.

11가지 기술 적용 역량 자가진단

11가지 코치 역량 평가지

코치명 : ___________ 　　 날짜 : ___________ 　　 시작 시간 : ___________

피드백 자 : _________ 　　　　　　　　　　　 종료 시간 : ___________

11역량	내용		
	긍정적 사례	부정적 사례	점수
1. 윤리기준			
2. 코칭 동의서			
3. 신뢰 및 친밀감			
4. 함께 함			
5. 적극적 경청			
6. 강력한 질문			
7. 직접적인 대화			
8. 자각 인식			
9. 행동 목표			
10. 실행계획			
11. 실행 및 책임			
좋은점			총점 :
개선할 점			총점 :
총평			

* 코치의 코칭과정에서의 더 많은 긍정의 기술을 발견하고 보다 더 발전하고 개발해야 할 능력들에 대한 Data를 보유하게 된다.

코치의 자격

• ICF 국제코치연맹

국제적으로 코치의 자질과 능력을 인정해 주는 대표적 기관으로는 미국에 본부를 두고 있는 국제코치연맹(ICF: International Coach Federation)과 국제코치협회(IAC: International Association of Coaches)가 있다. 세계 각국의 전문 프로 코치로서 그 실력과 자질을 갖추고자 할 때는 ICF(International Coach Federation)에서 인증하는 프로그램인ACTP(Accredited Coach Training Programs) 프로그램 또는 IAC에서 인준하는 프로그램(IAC의 15가지 기술)을 이수하여야 한다. 교육 내용은 코치가 갖추어야 할 전반적인 이론의 내용과 기술이 포괄적으로 이루어진다.

인준 기준은 ICF가 정한 11가지 코칭기술을 기준으로 코치 인증을 하고 있으며 ACC·PCC·MCC의 코치자격인증이 가능하다.

코치의 교육과 자질, 코칭 능력 등을 감안하여 다음과 같은 필요조건들과 기준이 제시되고 있다.

• ACC: Associate Certified Coach

코치인증 프로그램 교육 60시간을 이수하고 100시간 임상 실습을 통해 25시간의 무료 코칭과 75시간의 유료 코칭 임상을 마쳐야한다.

• PCC: Professional Certified coach

코치인증 프로그램 교육 125시간을 이수하고 750시간 임상 실습을 통해 75시간의 무료코칭과 675시간의 유료 코칭 및 임상과 실전을 마쳐야 한다.

• MCC: Master Certified Coach

코치인증 프로그램 교육 200시간을 이수하고 2,500시간 임상실습을 통해 250시간 무료코칭과 2,250시간의 유료코칭 및 임상과 실전을 마쳐야 한다.

한국코치협회

ICF의 코칭기술 기준과 코치 인증 제도를 도입하여 국내 전문코치로서의 인증을 하고 있으며, 2011년 하반기를 기점으로 KAC·KPC·KSC 세 종류의 국내 자격 인증 제도를 시행하고 있다.

- KAC(Korea Associate Certified Coach)

한국코치협회에서 인증하는 프로그램 ACPK(Accredited Coaching Program in Korea) 인증교육 20시간 이상을 이수하고, 50시간(무료+유료+코치더코치 받은 시간)의 임상과 실전을 통해 서류심사와 필기시험(70점 이상 합격) 그리고 실기시험을 통해 합격요건에 부합하는 기준을 통과한 이에게 KAC의 자격을 부여한다.

- KPC(Korea Professional Certified Coach)

한국코치협회에서 인증하는 프로그램 ACPK(Accredited Coaching Program in Korea) 인증교육 40시간 이상을 이수하고 100시간(무료+유료 20시간 이상+코치더코치 받은 시간)의 임상과 실전을 통해 서류심사와 필기시험(70점 이상 합격) 그리고 실기 시험을 통해 합격요건에 부합하는 기준을 통과한 이에게 KPC의 자격을 부여한다.

- KSC:(Korea Supervisor Coach)

한국코치협회에서 인증하는 프로그램 ACPK(Accredited Coaching Program in Korea) 인증교육 100시간 이상을 이수하고 500시간(무료+유료 300시간 이상+코치더코치 받은 시간)의 임상과 실전을 통해 최소 3개월 이상 1년 미만의 기간 동안 KSC로부터 멘토 코칭 10시간 이상을 받은 이로서 KPC인증 취득을 한 이후 1년 이상 경과하여야 하며, 서류심사와 필기시험(70점 이상 합격) 그리고 실기 시험을 통해 합격요건에 부합하는 기준을 통과한 이에게 KSC의 자격을 부여한다.

현재는 1년에 4회 인증시험을 실시하며 서류 → 필기 → 실기의 과정을 두고 있다.

국제 코치 인증교육프로그램

- 국제코치연맹ICF(International Coach Federation) 인증프로그램 ACTP

ACTP(Accredited Coach Training Program)프로코치 인증자격 프로그램으로 이러한 코치 프로그램들이 ACTP과정으로 인정받기 위해서는 윤리와 이론, 기술 및 내용의 깊이와 전문성 등 ICF가 요구하는 필수 내용과 높은 수준의 성과가 확인되어야 하며, 까다로운 절차와 엄격한 심사를 거쳐 인증과정으로 등록할 수 있다.

이 인증제도는 코치의 아버지라 불리는 토마스 레너드가 대표적 코칭 회사들과 함께 ICF를 창설하면서 시작되었고, ICF는 현재 29개국, 145개의 지부를 두고 세계코치의 질적 수준을 높이는데 크게 기여하고 있다. ICF는 코치 훈련 프로그램과 프로코치의 질적 수준과 관리 및 양질의 코치를 양성하는 세계적 대표 코치인증기관으로 자리를 잡았으며, 한편 코치 프로그램 중에 ACTP프로그램이 아닌 것은 ACSTH(Approved Coach Specific Training Hours) 등 다른 표시로 되어 있다.

프로그램 명		회사명	인증시간
CEP	ACSTH인증	한국코칭센터	77시간
PCCP	ACSTH인증	한국코칭센터	115시간
CPCP	ACTP인증	(주)아시아코치센타	125시간
ILCT	ACTP인증	(주)아시아코치센타	125시간
Art & Science	ACTP인증	(주)아시아코치센타	125시간

한국코치협회 인증프로그램

(사)한국코치협회는 협회가 추구하는 코칭철학, 코치윤리와 코치에게 필요한 코칭역량을 교육하는 코칭프로그램과 기관에 대한 인증시스템을 운영하고 있다.

인증프로그램(ACPK: Accredited Coach Program in Korea)으로 등록된 이후에 그 프로그램을 이수한 코치는 인증코치자격을 지원할 경우 ACPK지원(코치인증제도-코치인증 자격요건으로 링크)을 할 수 있다.

<table>
<tr><td colspan="3" align="center">한국코치협회 인증기관 및 프로그램
* KAC(Korea Associate Coach) – Certification Program</td></tr>
<tr><td colspan="2" align="center">인증기관</td><td align="center">인증 프로그램</td></tr>
<tr><td>1</td><td>한국코칭센터</td><td>코칭클리닉, GPS 코칭리더십, CEP(Core Essential Program), 교육자를 위한 교육코칭 워크숍, 코엑티브코칭(I–V)단계, (I)단계</td></tr>
<tr><td>2</td><td>㈜아시아코치센타</td><td>파워체인지, IAC15가지코칭기술, ILCT(국제 코치 자격 1단계), 5R 코칭 스킬, 리더십, CPCP (Certified Professional Coach Training Program)</td></tr>
<tr><td>3</td><td>(주)인코칭</td><td>코칭포유, 코칭포유 B/L 과정, A Balanced Coach, 코칭포유®플러스, 세일즈 매니저 코칭</td></tr>
<tr><td>4</td><td>㈜CMOE KOREA</td><td>CMOE 5–STEPS Coaching Process(구 코칭스킬) Fast Track Coaching</td></tr>
<tr><td>5</td><td>㈜모그 에듀케이션</td><td>변화 주도자 양성을 위한 코칭, (Change Agent Coaching) 1Change coaching</td></tr>
<tr><td>6</td><td>PMA코칭센터</td><td>코칭워크샵(기초), 코칭의 핵심기술, 자기주도학습 코칭 1</td></tr>
<tr><td>7</td><td>한국부모코칭센터</td><td>NLPia–F, NLPia Coaching, Magic 9 부모코칭</td></tr>
<tr><td>8</td><td>리더십 코칭센터</td><td>임파워링 코칭, NLPia, e– Group, 온자신감 Coaching</td></tr>
</table>

9	한국아동심리코칭센터	부모성공지능 코칭 프로그램
10	㈜통통	매니저 코칭TM
11	㈜에듀플렉스에듀케이션	STAR Coaching (자기주도학습 코칭)
12	㈜하우 코칭	AAA Coaching, 비즈니스 그룹코칭 전문가 과정
13	(사)아하가족성장연구소	아하 패밀리 코칭
14	라이프 코칭 코리아	GREAT Coaching
15	SPC	3 Cs
16	코칭블루	관계리더십 코칭
17	씨앤씨 글로벌	코칭 에센스
18	코칭엔진	코칭으로 풀어가는 세일즈 Ⅰ, HARMONY
19	웰 * 코칭센터	웰 * 코칭리더십
20	한국부부행복코칭센터	TRAIN
21	연세대학교 연합신학대학원	연세대학교 코칭아카데미 코칭스킬 프로그램
22	사회적코칭개발원	TOGETHER
23	KBC 파트너스	KBC 비즈니스 전문코치 양성과정 패키지ⅠARTS
24	㈜아이비에스컨설팅 리더십센터	Rainbow Coaching, Coaching STEP
25	더 코칭그룹	6 step (6C)
26	밸런스행복코칭센터	밸런스행복코칭
27	액티브 코칭연구소	Art-Expression Coaching
28	한국평생교육(주)	에코ⅠCoaching & Enneagram
29	한국창의인성코칭센터	Mosaic 9 교사코칭 프로그램
30	한국멘토링코칭센터㈜	멘토십코칭(Mentorship Coaching)
31	㈜소통과 치유	심신통합코칭
32	㈜동화세상 에듀코	EDUCO COACHING 프로그램
33	㈜피플앤프로보노	SE-비즈니스코치 양성과정
34	예스앤컴	감수성 훈련(역량강화인증)
35	㈜한국코칭앤아이	CCT(코칭코어트랙)
36	주)한국영리더십센터	매일멋진사람들(역량강화인증)
37	비전에니어그램 교육연구소	비전에니어그램 베이직(역량강화인증)
38	㈜아들러코리아	Career Associate Coach 기본과정(커리어인증)
39	㈜글로벌비즈니스 코칭연구소	경영자 전문 코칭 프로그램(EPCP)

* 한국코치협회자료

코칭 용어 정의

코칭 : 코치와 코칭고객이 만나 대화라는 프로세스를 통해 이루어지는 협력관계 내의 행위

코치 : 코칭고객의 잠재적 탁월성을 찾아 변화와 발전을 하도록 고무시키는 직업의 종사자

코칭고객 : 자신의 문제 해결, 목표 달성, 미래의 자신을 긍정적으로 디자인하고자 코치에게 협력 관계를 요청하는 의뢰인

의식 : 우리가 인지하여 지각하고 있는 상태

무의식 : 인지하고 있으나 의식하지 못하거나 지각하지 못하는 정보의 내용

실행계획 : 목표의 성과 율을 높이기 위한 실천 방법

상호책임 : 코칭관계에서 코치와 코치이의 협력을 위한 시스템

코칭 프로세스 : 코칭을 통해 문제나 대안을 찾아 나아가게 하는 과정의 도구

활용 질문

• 열정

내일 기적이 일어난다면?

그것이 왜 중요합니까?

또 다른 기적이 일어난다면?

그것이 왜 중요합니까?

그 중 하나를 선택한다면?

• 노출

사람들이 당신을 누구라고 합니까?

그것이 당신에게 구체적으로 어떤 의미입니까?

그런 사례를 이야기해준다면?

당신은 자신을 누구라고 생각합니까?

그것을 정리한다면 어떻게 정리할 수 있을까요?

지금 하고 있는 일의 어떤 면이 마음에 드시나요?

더 큰 성취를 못 하도록 스스로 제한하는 생각은?

지난 10년간 성취한 것은?

무엇이 그런 성취를 만들었나요?

그것을 하게 만든 원동력은?

존경스럽지 않은 사람, 못마땅한 사람의 특성이 있다면?

그것을 생각해볼 때 자신이 중요하게 생각하는 가치는 뭐라고 생각하시나요?

그 가치를 충족시키기 위해 열망하는 것이 있다면?

• 호기심

요즘 활력을 얻고 있는 일, 사람, 환경이 있다면 어떤 것입니까?

그 일(관계, 사람, 여행, 환경)로 인해 새로운 변화가 일어났습니까?

그 일이 생기고 나서 이전과 비교할 때 어떤 사실을 알게 되었습니까?

그 일을 통해 새로운 가능성이 생겼다면 어떤 것입니까?

• 새 영역

새롭게 경험하고 싶은 일이 있다면?

어떤 기준이 되면 만족하겠습니까?

그것을 이룰 수 있는 방법은 무엇입니까?

요즈음 새롭게 경험한 것이 있다면 무엇입니까?

그 경험을 통해 새롭게 발견된 사실이 있다면 어떤 것입니까?

그것을 통해 새로운 가능성이 생겼다면 무엇입니까?

• 탁월

100세에 당신의 성공을 취재한다면 어떤 모습이겠습니까?

그것을 위해 어떤 탁월성을 발휘하고 싶습니까?

그것을 이루는데 장애가 있다면 무엇입니까?

10년 뒤 어디에서 어떤 모습으로 무엇을 하고 있으면 만족하겠습니까?

그것이 당신에게 어떤 의미인가요?

그 상태가 되기 위해 발휘된 당신의 탁월함이 있다면?

지금까지 살면서 그 탁월함이 발휘되었던 대표적 사례는?

현재 그 업무에서 그 탁월함을 더 발휘해 볼 수 있는 일은?

그 탁월함이 현재 몇 %정도나 발휘되고 있다고 보는가요?

100% 발휘된다면 어떤 파급효과가 있을까요?

충분히 발휘하는데 방해가 되는 것은?

어려움을 극복하기 위해 스스로 시도해 볼 수 있는 것 5가지?

그 중 당장 시도해 볼 수 있는 것을 선택한다면?

시작을 위한 첫 행동은 무엇?

• 노력

지금까지 노력해서 성공한 것은 무엇입니까?

그 노력을 두 배로 올리기 위해 새롭게 시도할 것은 무엇입니까?

그것을 위해 할 수 있는 새로운 전략은 무엇입니까?

지금 무엇인가를 얻기 위해 노력하고 있는 것이 있다면?

무엇이 그런 노력을 하도록 만듭니까?

그것을 위해 어느 정도 자원을 투자하고 있습니까?

전에 이렇게 투자한 사례가 있다면?

그때는 무엇이 그렇게 하도록 만들었습니까?

지금 노력하고 있는 것을 위해 어떻게 해왔습니까?

그런 모습을 보고 주변에서 뭐라고들 합니까?

그렇게 노력한 3년 후 어떻게 달라지겠습니까?

그러려면 어떤 것을 바꾸어야 합니까?

그것을 위해 생각할 수 있는 새로운 방법(변화, 새로운 코스) 10가지는?

• 깨끗한 대화

'~아 예' 하고 맞장구치고 요약한다. (몸 대화, 핵심단어)

오늘 대화의 어떤 점이 좋았습니까?

지금까지 한 대화를 정리해 주시겠습니까?

대화가 잘 안 되는 것 같은데 이유가 뭐라고 생각하십니까?

지금 뭐라고 말씀하셨는지 다시 한번 말씀해 주시겠습니까?

• 직관

~한 것을 보니 ~한 것 같은데 어떻게 생각하십니까?

~한 것을 들으니 ~하게 생각되는데 어떻게 생각하십니까?

~이라 이야기하셨는데 어떤 것이 진실인가요?

(걱정, 기회가) 이렇게 느껴지는데 어떻게 생각하세요.

• 중요함 인식

요즘 힘든 일이나 어려운 일이 있다면 어떤 것입니까?

어떤 상태가 되면 만족하겠습니까?

그렇게 되었을 때 유익한 점 세 가지는 무엇입니까?

지금 생활에서 가장 중요한 것이 무엇이라고 생각하십니까?

다음 한 주간 집중할 것은?

그것이 왜 당신에게 중요합니까?

10년 뒤 더 성장한 자신이 한마디 한다면?

100세의 지혜로운 자신이 한마디 조언을 한다면?

대화를 통해 정리된 생각은?

• 고객 챔피언

최근 삶에 변한 것이 있다면 무엇입니까?

그때 기분은?

무엇이 당신을 그렇게 만들었습니까?

그것이 당신에게 어떤 의미가 있습니까?

요즈음 의미 있는 일은 어떤 것입니까?

근래에 어떤 칭찬을 들으셨나요?

무엇이 그런 성장을 가져오게 했나요?

어떤 삶의 에너지가 그런 변화를 경험하게 했나요?

그것이 당신의 삶에 어떤 중요성을 갖습니까?

어떤 의지가 그렇게 하게 했나요?

• 고객 즐기기

오늘 어떤 주제로 이야기를 나누고 싶습니까?

저는 ~한 점을 즐겼는데 고객님은 어떤 점을 즐기셨나요?

다음에 코칭 대화를 더 즐기려면 어떻게 하면 되겠습니까?

• 완전함

고통을 통해 배운 교훈이 있다면 무엇입니까?

그것을 깨닫고 난 후 어떤 변화가 있었습니까?

잘 되지 않았지만 더 좋은 결과를 가져온 사례가 있다면 무엇입니까?

인생에서 힘든 상황이 있었다면 어떤 것이 있습니까?

그때 어떻게 반응을 했습니까?

80세의 지혜로운 자신이 다시 그 사건을 떠올린다면 어떤 지혜의 말을 할까요?

그 지혜가 앞으로의 삶에 어떤 영향을 미칠까요?

• 진리 즐기기

그 사건 뒤에 있는 큰 진리는 무엇입니까?

그때 어떻게 하셨습니까?

그 경험을 통해 삶이 어떻게 달라지겠습니까?

지금의 일을 10년 뒤에 돌이켜 본다면?

1만 피트 상공에서 본다면?

신의 시선으로 본다면?

다른 사람의 시선으로 본다면?

몇 %가 사실일까요?

같은 현상인데 다른 이유가 있을 수 있다면?

해야 할 것을 하지 않고 하지 말아야 할 것을 한 것이 있다면?

그 사건이 일어났을 때 느낌이 어땠나요?

그 사건을 통해 어떻게 달라졌나요?

• 존중

비록 지금 힘들지만 혹은 실패했지만 그래도 미래에 소원이 있다면?

지금 포기하고 있거나 할 수 없는 것은 무엇입니까?

내가 남들과 다른 점은 무엇입니까?

남들과 다른 자신만의 최소치가 있다면?

• 후원 환경

최소한의 에너지로 목표를 이룰 수 있는 이상적인 환경은 무엇입니까?

최소한의 노력으로 목표를 이룰 수 있는 것이 무엇입니까?

구체적 환경 조성 방법은?

이것을 통해 내 자신에게 무엇을 인식?

그것을 위해 만나야 할 사람, 만나지 말아야 할 사람은?

도움, 지지, 격려, 조언을 줄 사람은?

앞으로 1년 동안 집중하고 싶은 것은?

언제 하시겠습니까?

누구와 하시겠습니까?

바꾸어야 할 시스템은?

본인만의 성공 스타일은?

스스로 축하할 방법은?

당장 시도해볼 수 있는 것은?

구체적인 첫 스텝은?

현. 안. 행 코칭 리포트 작성

<table>
<tr><td colspan="2" align="center">현·안·행(E.C.O) 코칭 리포트</td></tr>
<tr><td colspan="2">회__차 / 총__회

고 객 명 : __________   날   짜 : __________   시작 시간 : __________
코 치 명 : __________   종료 시간 : __________</td></tr>
<tr><td align="center">현·안·행 (A.M.A))</td><td align="center">코 칭 내 용</td></tr>
<tr><td align="center">현
Environment

· 현실을 인식, 알아차림.
· 관계 및 신뢰 주요 관점
  및 관심 키워드</td><td></td></tr>
<tr><td align="center">안
Cooperation

· 해결자원
· 여러 방법과 해결안 도출
· 필요성과 가치</td><td></td></tr>
<tr><td align="center">행
Option

· 자원과 에너지의 행동화
· 실행계획 및 행동 책임
· 실행력과 확인</td><td></td></tr>
<tr><td align="center">고객의 코칭 정리</td><td></td></tr>
<tr><td align="center">코치의 발견</td><td></td></tr>
</table>

다음 코칭 날짜 : __________   시작 시간 : __________

코칭 동의서

Coach :   E-mail :   Mobil :

고객 _________과(와) 코치 은 아래의 조건과 상호이해에 기초하여 코치와 고객으로서 발전적이고 신뢰하는 코칭 관계를 형성하며 함께하는 것에 동의한다.

계약조건

코칭세션은 한 번에 60분, 일주일에 1번이며, ______년 __월 __일부터 시작된다. 기본코칭 기간은 12회를 기본기간으로 한다. 기본기간 동안의 코칭비는 ___만원/ 1 회 이며 첫 세션 전에 코칭비를 코치가 지정하는 은행 구좌 ( )로 선불한다. 기본기간 동안의 코칭비는 환불 가능하지 않음을 기본으로 한다. 단, 코치의 사정으로 기본 기간을 완료하지 못할 경우 진행되지 않은 세션에 대한 코치비에 대해서는 고객에게 환불한다. 고객의 부득이한 사정으로 인하여 코치의 판단에 기본기간을 완료할 수 없다고 판단되는 경우, 진행되지 않은 세션에 대해 남은 세션 중에서 2주를 제외한 금액을 고객에게 환불하도록 한다.

고객의 책임

코칭은 정신적인 이상이나 기능장애를 치료하는 것이 아니라는 것을 알고 있으며, 카운슬링, 정신요법, 정신 분석 요법, 정신 건강관리나 약물 남용 치료를 대신하지 않는다는 것을 알고 있으며, 어떤 형태의 치료행위든 그것을 대신하는데 코칭을 활용하지 않는다. 고객은 '코치가 조언이나 해답을 주기 보다 스스로 해답을 찾아갈 수 있도록 질문하고 요청하는 코칭관계를 형성한다'는 것에 동의한다. 고객은 코칭이 전문적인 조언을 대신할 수 없음을 확실히 알고 있으며 법적, 의학적, 금전적, 사업적, 정신적 기타 다른 전문분야에 대해 전문가가 필요한 경우는 해당 분야의 전문가를 찾고 코치는 이 전문가들을 대신 할 수 없음을 인지하고 있다. 코치의 지원을 받더라도 모든 결정들은 고객이 하고, 그 결정과 행동 및 행동결과에 대해 전적으로 고객에게 책임이 있음을 인정한다.

코치의 책임

코칭 대화에서 이루어지는 모든 내용에 대해 비밀을 보장하며 외부에 실명 사례를 공개할 경우 사전에 고객의 동의를 반드시 얻는다. 단, 고객이 타인에게 공개한 정보 및 이미 타인이 알고 있는 정보는 제외된다. 코치는 전문코치 취득 및 관리를 위해 국제코치연맹(ICF), 한국코치협회(KCA), 등의 코치인증기관에 고객명, 고객연락처, 코칭시간 리스트만을 제출할 수 있다. 다른 코칭 전문가들과 트레이닝 또는 자문을 목적으로 고객의 사례에 대해 익명으로 공유될 경우 코치는 가능한 한 고객에 대해 인식되지 않도록 필요한 부분만 사용한다.
 코치는 고객이 코칭세션을 통해 목적하는 바를 달성할 수 있도록 전문코치로서의 의무와 책임을 다하며 지속적인 역량개발에 힘쓴다.

책임의 제한

본 코칭으로 인해 혹시 분쟁이 생기는 경우, 상대방에게 지불할 최대한의 책임은 어떠한 경우라도 위에 약정된 12회간의 기본코칭 세션에 대한 비용으로 제한한다.

고객과 코치는 위의 내용에 동의하며 코칭세션을 진행하는데 있어서 서로에게 가치 있는 시간이 될 수 있도록 최선을 다할 것을 약속한다.

______년 __월 __일

코치성명 : ____________ (인)   고객성명 : ____________(인)
이메일 : _____________   이메일 : _____________.
연락처 : _____________   연락처 : _____________.

에니어그램 간단 검사지

<table>
<tr><td colspan="2" align="center">에니어그램 유형 알기 간단 검사 (8유형)</td></tr>
<tr><td valign="top">

- 자기 주장이 강하고 직설적이다.
- 힘이 있고 강하며 자신감이 넘친다.
- 직관력, 통찰력이 있다.
- 권위에 반항한다.
- 약자에게 약하고 강자에게 강하다.
- 어떤 모임이나 조직에 가서도 리더가 된다.
- 말과 행동이 즉흥적이다.
- 도전정신이 뛰어나다(나에게 불가능은 NO)
- 불의를 못보고 정의를 위해 싸운다.
- 승부욕이 강하며 지도력이 뛰어나다.

</td><td valign="top">

- 주도적이고 지시적, 명령적으로 말한다.
- 조용하며 따뜻하다.
- 욱하는 다혈질이다.
- 지식 또는 통제 받는 것을 싫어한다.
- 거만하며 냉정하다는 말을 듣는다.
- 타협능력이 부족하며 독선적이다.
- 뒤끝이 없고 화통하다.
- 공격적이고 지배적이다.
- 고집이 세며 남의 말을 잘 듣지 않는다.
- 일방적이어서 의도하지 않은 상처를 상대에게 준다.

</td></tr>
</table>

<table>
<tr><td colspan="2" align="center">에니어그램 유형 알기 간단 검사 (9유형)</td></tr>
<tr><td valign="top">

- 있는 그대로 수용한다.
- 상대를 인정해주고 배려심이 있다.
- 늘 평화스러움을 추구한다.
- 남 앞에 잘 나서지 않으며, 꾸미지 않고 수수하다.
- 화를 잘 내지 않는다.
- 차분하고 조용하다.
- 다른 사람과 갈등상황을 만들지 않는다.
- 겉은 부드러우나 속은 강하다.
- 남에게 편안함을 준다.
- 조정, 중재를 잘한다.

</td><td valign="top">

- 속 고집이 세다.
- 소극적이고 수동적이다.
- 행동이 느리고 게으르다.
- 우유부단하다.
- 일을 미루다가 끝에 몰아서 한다.
- 자신감이 넘치며 성취욕이 있다.
- 섬김을 받으면 불편해 한다.
- 내 뜻을 강하게 주장하지 못한다.
- 상상력과 창조성이 있다.
- 부드러우면서도 적극적이다.

</td></tr>
</table>

에니어그램 유형 알기 간단 검사 (1유형)

• 정리 정돈을 잘한다. 준법정신이 뛰어나 신고도 잘한다. • 약속시간을 정확하게 잘 지킨다. • 일을 정확히 처리하며 예의 바르고 단정하다. • 옳고 그름에 대한 자기 의견이 강하다. • 의사표현이 간단 명료하다. • 타인의 단점이 눈에 쉽게 들어온다. • 정직하고 꼼꼼하며 빈틈이 없다. • 양심적 도덕적이다. • 목표가 분명하고 원리 원칙적이다.	• 냉정하고 까다롭다 • 비판적이고 판단적이다. • 완벽성 때문에 상대를 피곤하게 한다. • 융통성이 없고 고지식하다. • 자제력과 자기관리에 철저하다. • 남을 칭찬 할 줄 모른다. • 잘 못을 잘 인정하지 않는다. • 유머 감각이 없다. • 자기 확신이 강하다. • 느긋하고 차분하다.

에니어그램 유형 알기 간단 검사 (2유형)

• 다른 사람을 사랑하고 사랑 받고 싶어 한다. • 남을 잘 칭찬하고 격려한다. • 사고가 긍정적이고 단점보다 장점을 먼저 본다. • 동정심이 많아 남을 도와 주기를 좋아한다. • 다정다감하고 순종적이다. • 인간 관계를 중요시 한다. • 일대 일의 대화를 더 선호한다. • 야망과 유머가 있다. • 다른 사람을 즐겁게 만든다. • 상처를 잘 받는다.	• 인정 받고 싶어 한다. • 남의 일에 잘 끼어들어 오지랖이 넓다는 말을 듣는다. • 리더십이 부족하다. • 싫은 내색을 잘 못하고 싫어도 좋은 척 할 때가 많다. • 충동구매를 잘하고 아쉬운 소리를 잘 못한다. • 소유욕과 집착이 강하다. • 거절을 잘하지 못한다. • 자신의 욕구를 잘 표현한다. • 상황을 좋게 하려고 사람을 조종한다.

에니어그램 유형 알기 간단 검사 (3유형)

- 실용적이고 성공지향적이다.
- 계산적이며 이기적이다.
- 자신감을 가지고 일을 확실하게 한다.
- 자기 이미지 관리가 철저하다.
- 일한 만큼 보상이 있어야 한다.
- 시간 앙비를 싫어 한다.
- 최고가 되려고 한다.
- 승부욕이 강하다.
- 다른 사람의 감정을 무시한다.
- 자기 중심적이다.

- 인기가 있고 매력적이다.
- 기회를 잘 활용한다.
- 결과 중심적이어서 길이 안보이면 쉽게 포기한다.
- 경계심을 갖는다.
- 자기 과시를 잘 한다.
- 동기 부여를 잘 한다.
- 성공과 가치를 중요시 한다.
- 자기 단점을 절대로 들어내지 않는다.
- 자기 가치와 자기 확신이 강하다.

에니어그램 유형 알기 간단 검사 (4유형)

- 모든 것으로부터 자유 함을 원한다.
- 심미적이어서 내면의 아름다움과 깊이를 추구한다.
- 감정 표현이 풍부하다.
- 내면이 따뜻하고 섬세하고 여리다.
- 자연과 함께하는 것을 좋아한다.
- 추억하기를 좋아한다.
- 독특성, 창의성이 있고 직관력이 뛰어나다.
- 정서적으로 예민하고 유행에 민감하다.
- 내면 깊은 곳으로부터 '나는 특별하다.'고 생각한다.
- 상상력이 뛰어나고 예술적 재능이 있다.
- 눈물이 많다.

- 공상이나 상상의 세계에 안주한다.
- 감정기복이 심하다.
- 까다로워 타인이 다가가기 힘들어 한다.
- 혼자 있는 것을 좋아한다.
- 자기 몰입적이다.
- 시기심이 있고 질투를 잘한다.
- 조직이나 대중적인 것을 싫어한다.
- 우울하고 비관적이다.
- 현실과 이상을 망각할 때가 있다.
- 사람의 마음을 움직이는 매력과 센스가 있다.

에니어그램 유형 알기 간단 검사 (5유형)

• 지식 축적 욕구가 강하며 탐구적이다. • 혼자 하는 일을 선호하며 독립적이다. • 분석과 관찰을 즐긴다. • 책을 많이 탐독하고 말이 없다. • 시간과 에너지를 중요하게 여긴다. • 철학적 사고를 가지고 있다. • 다른 사람의 일에 별로 간섭하지 않는다. • 학구적이고 생각이 깊다. • 원리를 근본적으로 알려고 노력한다. • 논리적이며 분별력이 있다.	• 정리정돈과 같은 집안 일을 잘 못한다. • 자기만의 공간에 다른 사람의 침범을 싫어한다. • 비현실적이며 고립되어 은둔생활을 한다. • 말할 기회를 잘 놓치며 행동보다는 생각에 치우친다. • 규칙적인 생활에 얽매이는 것을 모 견딘다. • 무감각하고 무관심하다. • 지적 교만이 있다. • 돈에 관심이 없고 인색하다. • 노는 것을 잘 못하며 사교성이 없다.

에니어그램 유형 알기 간단 검사 (6유형)

• 준비성이 강하다. • 한 번 신뢰하면 끝까지 헌신한다. • 자기 안전을 추구하는 안전 제일 주의 이다. • 규칙과 질서를 잘 지킨다. • 양심적, 도덕적이고 잘 못을 쉽게 뉘우친다. • 자기가 속한 집단에 안정을 느끼고 최선을 다한다. • 약속을 잘 지키며, 낭비를 싫어하여 예산에 맞게 생활한다. • 가족을 항시 우선시하여 잘 챙긴다. • 미래를 예측하고 문제를 미리 해결하려 든다. • 권위와 전통을 중요하게 생각한다.	• 신중함이 지나쳐 기회를 놓지는 경우가 많다. • 사람을 가려서 사귀며 낯가림이 심하다. • 부끄러움이 많고 신명 나게 놀지를 못 한다. • 확인하고 점검하는 습관이 있다. • 의심과 불안이 많다. • 의존적이며 융통성이 없다. • 늘 경계적이고 방어적이다. • 가족 이야기를 쉽게 남에게 하지 않는다. • 다른 사람의 조언을 구한다. • 자기 확신이 약하다.

<table>
<tr><td colspan="2" align="center">에니어그램 유형 알기 간단 검사 (7유형)</td></tr>
<tr><td>

- 낙천적이고 긍정적이다.
- 늘 웃는 얼굴이며 에너지가 넘친다.
- 다양한 아이디어가 넘치고 다재 다능하다.
- 사교적이며 모험을 좋아한다.
- 호기심이 많으며 창조적이다.
- 상상력이 풍부하며 유머감각이 뛰어나다.
- 사람을 폭넓게 사귀며 활동적이어서 늘 바쁘다.
- 새로운 것을 경험하는 것에 희열을 느낀다.
- 상처를 잘 안받고 실수를 두려워하지 않는다.
- 어려움을 만나도 상황을 인정하고 걱정하지 않는다.

</td><td>

- 인무거운 현실은 도피한다.
- 자제력이 없으며 산만하다.
- 지루하거나 심심한 것을 못 참는다.
- 말이 빠르고 수다스럽다.
- 좋은 책이나 영화도 두 번은 안 본다.
- 권위나 관습 등은 딱 질색이다.
- 특이한 의상 등으로 튀는 것을 좋아한다.
- 일을 동시 다발로 벌이고 뒷마무리가 부족하다.
- 참을성과 인내심이 적다.
- 약속을 겹치게 하거나 혹은 잘 잊는다.

</td></tr>
</table>

유형 대표

• 장 유형(본능 중심)

8유형 (빨간색)	대표적 동물	대표적 나라	대표적 인물
	호랑이, 코뿔소, 황소	스페인	광개토대왕, 나폴레옹
	정열과 용기, 열정과 성적에너지를 상징하는 빨간색처럼 약해 보이는 중간색보다 분명한 것을 선호한다.		

9유형 (황금색)	대표적 동물	대표적 나라	대표적 인물
	코끼리, 곰	중국	아인슈타인, 황희
	평화, 행복, 조화 그리고 충만함을 나타내주는 황금색은 친근과 겸손한 분위기를 자아내며 권력과 격식을 강조하진 않는 색이다.		

1유형 (은색)	대표적 동물	대표적 나라	대표적 인물
	당나귀, 벌	러시아, 스위스, 독일	손석희, 정도전
	냉정해 보이지만 차분하며 깨끗해 보이는 은색은 고급스러움, 효율성을 강조해 이상적임을 나타내는 색이기도하다.		

- **가슴 유형(감정 중심)**

2유형 (분홍색)	대표적 동물	대표적 나라	대표적 인물
	토끼, 강아지	한국, 이탈리아	슈바이쳐, 테레사 수녀
	정열과 용기, 열정과 성적에너지를 상징하는 빨간색처럼 약해 보이는 중간색보다 분명한 것을 선호한다.		

3유형 (노란색)	대표적 동물	대표적 나라	대표적 인물
	독수리, 카멜레온	미국	오프라 윈프리, 김삿갓
	밝고 환해 눈길을 끌어 목적을 명확히 하는 노란색은 빛남과 유능함의 이미지를 갖고 있으며 태양의 상징이다.		

4유형 (보라색)	대표적 동물	대표적 나라	대표적 인물
	야생비둘기, 공작새 귀족적인 흑색 경주마	프랑스	이태백, 앙드레김
	냉정해 보이지만 차분하며 깨끗해 보이는 은색은 고급스러움, 효율성을 강조해 이상적임을 나타내는 색이기도하다.		

- 머리 유형(사고 중심)

5유형 (파란색)	대표적 동물	대표적 나라	대표적 인물
	올빼미, 부엉이	영국	안철수, 오바마
	내적인 휴식과 거리감을 갖는다. 빛을 발하기보단 흡수하는 파란색은 깊은 바다와 우주를 상징하며 심오함, 진지함, 존경심을 나타낸다.		

6유형 (베이지)	대표적 동물	대표적 나라	대표적 인물
	사슴, 산토끼	일본	유재석, 제갈공명
	스스로 빛이 나기보단 주변과 잘 어울리는 베이지색은 대지나 흙을 연상시키며 충성, 신뢰, 성숙, 전통, 뿌리를 상징한다.		

7유형 (녹색)	대표적 동물	대표적 나라	대표적 인물
	원숭이, 나비	브라질, 아일랜드	이주일, 스티브 잡스
	생명력과 삶의 기쁨, 건강과 행복을 상징하는 녹색은 성장과 생명력의 상징으로 에너지, 신선함과 행복함을 나타낸다.		

참고문헌

구은미 -『알고하는 코칭』(2011)

데이브 엘리스 -『폴링어웨이크』

리처드 윌리엄스 -『피드백이야기』

지식저장소 | 마샬 쿡 | 서천석 옮김 -『코칭의 기술』(2003)

아시아코치센터 | 로베르토 비스바스 디너 | 벤딘 | 서희연 역 -『긍정의 심리학 코칭』(2009)

이담북스 | 선종욱 -『코칭 다이나믹스』(2010)

손매남 -『한국 표준형 에니어그램』(2010)

아시아코치센터 | 정진우 -『코칭리더십』(2005)

아시아코치센터 | 정진우 -『폴정의 코칭 설명서』(2009)

아시아코치센터 | 정진우 -『프로 라이프 코치』(2005)

한국코치협회

한국코치협회 인증 프로그램 교재 에코 I

Florence M. Stone,(2007) Coaching, counseling & mentoring: how to choose & use the right technique to boost employee performance / New York: AMACOM.

Harvard Business Essentials(2004). Coaching and Mentoring. Boston: Harvard Business School Press.

Jane A. G. Kise. (2010). Beth Russell. Creating a coaching culture for professional learning communities / Bloomington, IN: Solution Tree Press.

Smart J. K.(2003). Real Coaching and Feedback, London: Pearson Education Limited.

Whitmore, J.(2002). Coaching for Performance: Growing People, Performance and Purpose. Natl Book Network